MW00974437

Descubre tu camino al éxito

**12 principios que te llevarán donde quieres
llegar en tu vida profesional y personal**

Hilda H. Gurdián

Querida Estela,

*Espero que disfrutes de estos
principios y practicas para
tener éxito en tu vida
profesional y personal.*

Con mucho cariño,

Hilda H. Gurdián

La Noticia, Inc.
5936 Monroe Road
Charlotte, NC 28212
704-568-6966 x 106
Email: hgurdian@DiscoverYourPathToSuccess.com
Portal de Internet: www.DiscoverYourPathToSuccess.com

ISBN: 978-0-578-17665-9
Número de Control de la Biblioteca del Congreso: 2016901996

● ● ● ● ● ● ● ● ● ● ● ●

Editores:
Diego Barahona A. y Kendal E. Walters

Diseño y producción:
Maria Elena Benton

Fotografía de la autora:
Zaire Kaczmarski

Ilustraciones:
Benjamin Gallardo – www.mossandbecca.com

Impreso en Estados Unidos de América

Dedicatoria

*Dedico este libro a las tres personas
más importantes de mi vida:
mi esposo, Alvaro Gurdián Sr. y mis hijos
Alvaro José Gurdián Jr. y
Robert Alejandro Gurdián.*

*Si deseas convertir todos tus
sueños en realidad y
alcanzar la cima del éxito,
este libro es para **ti**.*

Contenido

Palabras de elogio para
Descubre tu camino al éxito

"Hilda Gurdián ha hecho un trabajo maravilloso que describe las conductas y actitudes esenciales requeridas para lograr el éxito en la vida y en los negocios. Características que la han llevado a alcanzar considerables logros como empresaria y como persona. Somos afortunados de que haya elegido compartir esos conocimientos. *Descubre tu camino al éxito* está lleno de consejos prácticos, directos y educativos que serán esenciales para cualquier persona que busque alcanzar una vida productiva y satisfactoria".

Mark Ethridge
Periodista y autor, ganador del Premio Pulitzer

"Esta es una refrescante guía de información de primera mano sobre cómo navegar una exitosa carrera y una vida con propósito. Hilda Gurdián es el ejemplo perfecto del espíritu empresarial y sus consejos son invalorables para todos los que deseen obtener el éxito. Mi consejo es que lean su libro."

Dr. Tony Zeiss
Presidente
Central Piedmont Community College

"Hilda Gurdián es una historia de éxito en sí misma. Ella revela de manera muy pragmática y con los pies sobre la tierra, un enfoque para la fijación de objetivos y logros en *Descubre tu camino al éxito*. Esta es una lectura obligada para cualquier persona que busque estrategias prácticas y fáciles de implementar, para aumentar su potencial de éxito en los negocios y en la vida personal."

Carlos E. Sánchez
Director Ejecutivo de Asuntos Exteriores
AT&T de Carolina del Norte

"La tenacidad y determinación de Hilda Gurdián la han llevado a su éxito en los negocios y en su vida personal. Me encanta que comparta sus secretos con nosotros en este libro."

Carolina Pulido
Directora de Desarrollo y Aprendizaje
Delhaize America

Introducción

**"Cuando un hombre, por cualquier razón, tiene la oportunidad
de llevar una vida extraordinaria, no tiene derecho
a guardársela para sí mismo".**

—Jacques-Yves Cousteau
Oceanógrafo, ávido defensor de la vida marina,
documentalista y científico

Este libro explica los principios del éxito que he usado a lo largo
de mi vida para alcanzar mis sueños. Te motivo a que uses las
herramientas y métodos que te enseño aquí para ayudarte a
conquistar tus sueños.

No he encontrado el éxito porque soy mejor o más inteligente
que tú, sino porque he tomado estos principios universales y
religiosamente los he aplicado a mi vida. Quiero compartirlos
contigo para que puedas descubrir tu propio camino al éxito, sea
como sea que lo definas.

Déjame contarte cómo y cuándo empecé a soñar con el éxito.

Los sueños se hacen realidad

Crecí en Venezuela y aprendí el arte de negociar de mi mamá:
esta habilidad la usaba frecuentemente en mis interacciones con
mis hermanos y mis profesores. Yo era muy curiosa y siempre
quería saber el porqué de las cosas.

Memorizaba los comerciales en televisión, los recitaba y actuaba para mis hermanos en un escenario improvisado de la casa. Me aprendía las canciones en inglés de memoria, las cantaba con facilidad a pesar de que no entendía el significado de las palabras. Esta relación con las canciones en inglés me despertó el amor por aprender este idioma y allí empezó mi primer sueño: estudiar en la tierra en donde se creó este idioma: Inglaterra.

Cuando cumplí 15 años compartí este sueño con muchas personas, incluyendo una de mis profesoras, quien se rio de mí diciéndome: "Tienes una gran imaginación. ¿Cómo crees que vas a poder viajar a Inglaterra a estudiar? Esto será imposible. No tienes dinero."

Después de escucharla atentamente la miré a los ojos y le contesté: "Será difícil pero no imposible. No sé cómo haré, pero voy a continuar soñando y trabajando hasta que mi sueño se haga realidad un día."

Todas las noches me iba a la cama temprano para tener tiempo de soñar despierta y me visualizaba tomando el avión para Londres, llegando al aeropuerto de Heathrow, matriculándome en la universidad y empezando mi carrera en idiomas. Visualizaba todo con lujo de detalles. Esto me ponía tan contenta que no quería dormir para continuar con estas imágenes jugando en mi mente.

Cuando me levantaba al día siguiente me sentía completamente feliz. Nunca dejé de creer que tenía que haber alguna manera de realizar mi sueño, solamente tenía que descubrirla.

Tres años más tarde me estaba embarcando en un avión con destino a Londres.

Logré una meta que mi profesora nunca pensó que fuese posible. Me gané una beca para hacer realidad mi sueño de estudiar idiomas en Inglaterra.

Nunca te des por vencido

Tú también puedes encontrar en el camino personas como mi profesora, personas quienes tratarán de desanimarte de tus sueños. No los escuches. Es desafortunado y es común que te encuentres con personas negativas. Toma la historia de Claudia Castillo, por ejemplo, una becaria de nuestro programa de becas de La Noticia, quien en la secundaria su consejera le dijo que ella "no era material de universidad." En lugar de creerle siguió su camino, se inscribió en la universidad y siguió hasta graduarse de la escuela de medicina y hoy es una exitosa doctora.

Comparte tus sueños con personas que te amen y por lo tanto te apoyarán. En mi caso, inclusive cuando era muy joven, mi hermana Rosario me motivaba a seguir con mi sueño de irme a Inglaterra.

Confía en tu instinto en si debes o no compartir tus sueños con alguien quien no te conoce y quien no sabe cuán apasionado eres, cuando se trata de hacer tus sueños realidad. Si te preocupa contarle tus sueños a alguien por temor a que te haga comentarios negativos, no se los cuentes. Las personas que tratarán de desanimarte de seguir tus sueños por lo general hacen comentarios basados en sus propias experiencias y en la percepción que tienen de ti, pero no conocen realmente quien eres y qué te motiva.

Vivir el sueño

Viví en Inglaterra por cinco años y este tiempo me transformó en la persona fuerte que soy hoy. Además de idiomas tuve la oportunidad de estudiar negocios. Conocí y me encantó el concepto de las bibliotecas públicas, gracias a lo cual me convertí en una asidua lectora. Este amor hacia los libros se ha quedado conmigo para toda la vida y me ha ayudado a desarrollar el concepto de que uno debe continuar aprendiendo toda la vida.

En Inglaterra encontré a mi alma gemela, Alvaro, y me casé con él en la Iglesia Católica Sagrado Corazón en Bournemouth en diciembre de 1977. Fuimos a una espectacular luna de miel en la bella y nevada Aviemore, Escocia, luego visitamos casi todos los países de Europa.

En 1979 regresamos a Venezuela donde nacieron nuestros hijos: Alvaro José y Robert Alejandro. Vivimos allí por 13 años, hasta que llegó el momento de hacer otro gran cambio y luchar por un nuevo sueño.

Un nuevo sueño

Nos dimos cuenta que Venezuela ya no ofrecía oportunidades para nosotros y lo que era peor, no había futuro para nuestros hijos. Teníamos que buscar nuevos horizontes y cuanto antes mejor. Decidimos que inmigrar a Estados Unidos nos daría esta oportunidad.

¿Por qué Charlotte?

Una vez que sabíamos que queríamos mudarnos a Estados Unidos, teníamos que escoger dónde vivir. Solamente habíamos visitado este país en vacaciones familiares a Miami y Walt Disney World, cerca de Orlando, Florida.

Leímos e investigamos libros y revistas en el Consulado Americano en Caracas, Venezuela, para ver cuál era la mejor ciudad en Estados Unidos donde pudiéramos mudarnos. La primera vez que leímos sobre Charlotte fue en un artículo en la revista Entrepreneuer, donde la presentaron como una de las 10 mejores ciudades en Estados Unidos apropiadas para empezar un pequeño negocio. Sus habitantes eran amigables y la ciudad estaba en pleno crecimiento. Esto último nos llenó de ilusión-- queríamos tener la oportunidad de crecer con ella. Luego de considerar otras ciudades, escogimos Charlotte.

Cuando anunciamos a la familia y amigos que nos mudaríamos para Charlotte en Carolina del Norte, nos preguntaban, "¿Conocen la ciudad? ¿Tienen amigos allá?" Y cuando contestábamos: "no", nos decían que era un riesgo muy grande y que no deberíamos tomarlo, sobre todo con dos niños pequeños. Pero a pesar de no contar con su apoyo estábamos decididos a tomar el riesgo y así lo hicimos.

Inmigrar a Estados Unidos

Mi esposo, nuestros hijos y yo vinimos a Estados Unidos en 1992. Empezamos la vida aquí en nuestro nuevo país desde cero, un completo y nuevo comienzo.

Nuestro viaje fue una aventura total. Volamos desde Caracas a Miami y allí alquilamos un carro. Con nuestro mapa en mano (no existía comercialmente el GPS en 1992) echamos a rodar en la autopista 95 Norte. Pernoctamos en San Agustín, Florida, porque el viaje de 12 horas era demasiado largo para hacerlo de una sola vez con niños pequeños. Al día siguiente continuamos nuestro camino hasta llegar a nuestro destino final.

Llegamos a Charlotte sin conocer ninguna de sus calles y solamente conocíamos a uno de sus habitantes: el abogado de inmigración que habíamos contratado desde Venezuela. Ni siquiera teníamos donde vivir, llegando nos hospedamos en la suite de un hotel hasta conseguir una casa.

Hoy, 23 años después de este viaje, puedo decir que mudarnos para Charlotte fue la mejor decisión que hayamos podido tomar en nuestra vida. Llegamos al lugar preciso en el momento preciso.

Aprender de la experiencia

De esta experiencia aprendí la importancia de:

■ Tener visión: Darnos cuenta a tiempo que Venezuela no ofrecía oportunidades a futuro. Después de nuestra salida, Venezuela sufrió una completa baja en su economía y en su sistema político.

■ Tomar riesgos: Darse cuenta que el proyecto era riesgoso, pero llevarlo a cabo de todas maneras, si tu instinto te dice que vas por buen camino.

■ Ser valiente: Aprendí a no tenerle miedo al miedo hace mucho tiempo, cuando escuché el primer discurso inaugural de Franklin Delano Roosevelt como presidente de Estados Unidos, uno de mis presidentes favoritos, quien proclamó "A lo único que le debemos tener miedo es al miedo mismo".

■ Mantener una actitud positiva.

■ Tener fe: Confianza de que el proyecto saldrá bien.

El camino al éxito

Nos tomó más de dos décadas alcanzar el éxito en el país de la oportunidad. Fue muy duro adaptarnos a nuestro nuevo país en muchos sentidos. Por ejemplo, no había practicado inglés a diario en 13 años (desde que había vivido en Inglaterra), así que hablar inglés todo el día fue uno de mis primeros retos de adaptación. Terminaba mi día con un terrible dolor de cabeza porque mi cerebro tenía que traducir mentalmente todas las conversaciones de inglés al español y vice versa. Tuve estos dolores por semanas hasta que mi cerebro se adaptó a pensar en inglés, sin tener que pasar por la traducción.

Adoptar una nueva cultura

Adaptarnos a la cultura americana y a la de Charlotte específicamente, fue el segundo reto más importante. Estábamos decididos desde el principio a adaptarnos lo antes posible, porque entendíamos que adaptarnos nos colocaría en el camino hacia el éxito. Nuestra pregunta era ¿Cómo aprendemos la cultura local? No había libros para aprender sobre este tema, teníamos que ir aprendiendo sobre la marcha, basados en el método ensayo y error. Fue un camino tenebroso y complicado, pero logramos llegar a su final y salimos de la oscuridad hacia la claridad.

Vine a Estados Unidos en busca de mejorar mis habilidades profesionales y personales y ser exitosa. Mi objetivo era convertirme en la mejor persona que pudiese llegar a ser. Para alcanzar esta meta adopté las mejores características de la cultura americana y mantuve las mejores de mi cultura latina. Esta decisión me ha permitido entender y mezclar dos culturas diferentes como si fueran una. Tanto mi esposo como mis dos hijos y yo nos hemos transformado en personas que tienen el privilegio de disfrutar lo mejor de dos mundos.

Convierte a este libro en tu guía hacia el éxito

Lee este libro por lo menos dos veces ahora que lo tienes en tus manos. Leyéndolo una vez no será suficiente para aprender estos principios para lograr el éxito. Toma notas de las habilidades que te gustaría desarrollar y de las prácticas que quisieras usar inmediatamente.

Mantén este libro cerca de ti y úsalo como referencia. Vuélvelo a leer de vez en cuando para refrescarte la memoria. Aplica los principios que te señalo aquí una, otra y otra vez hasta que sean parte de ti. La palabra clave aquí es "aplica", pues tu vida no cambiará con solamente leer estos principios.

Los psicólogos aseguran que uno crea un nuevo hábito o una manera nueva de hacer las cosas si lo practica por 30 días seguidos sin parar. Toma nota de estos principios y ponlos en práctica por este tiempo uno por uno, para sentir la transformación que su aplicación traerá a tu vida. Empezarás a hacer más dinero, tener más tiempo libre, mejor salud, una actitud positiva y fantásticas relaciones con miembros de tu familia, con amigos, colegas y clientes. Por encima de todo comenzarás a sentirte más seguro de ti mismo y más feliz.

Alcanzar el éxito

Llegar al éxito es fantástico. Analizar tu vida y darte cuenta de que tus sueños se han hecho-- o se están haciendo-- realidad es un sentimiento muy agradable. Tú también puedes hacer que tus sueños se conviertan en realidad siguiendo los principios en este libro.

No permitas que nada ni nadie te pare en tu búsqueda del éxito. No te contentes con menos, sino que busca más.

Dios te ha llenado de cualidades y una inteligencia para tener éxito. Dios es bueno y quiere que seas feliz, que tengas éxito. Así que manos a la obra. Sigue estos principios y lograrás el éxito que tú deseas.

Hilda H. Gurdián

Capítulo Uno

Desear el éxito

"Para tener éxito en algo debemos desearlo de una forma tan intensa que alcance y se impregne en nuestro inconsciente".

—Kazuo Inamori, filántropo y empresario japonés

Para tener éxito en tu vida profesional y personal debes desearlo con todo tu corazón y con toda tu mente.

Piensa en el éxito, visualízalo. Mírate disfrutando del éxito. Habla del éxito como si ya lo hubieses alcanzado. Siente el éxito. Habla como una persona exitosa. Camina como una persona exitosa. Lee sobre personas exitosas. Reúnete con personas exitosas, inspírate en ellos y sigue sus ejemplos.

Continuamente piensa en tus objetivos y visualiza que se convierten en realidad. Mantén tus deseos y metas en tu mente hasta que penetren tu inconsciente.

Una vez que tus deseos hayan sido almacenados en tu inconsciente, éste te lanzará ideas de lo que debes hacer para alcanzar tus sueños. Cuando estas ideas vengan a tu mente, escríbelas inmediatamente porque se quedarán en tu memoria por un corto período de tiempo. Escribe todas las ideas que recibas porque algunas funcionarán y otras no. Tú quieres tener

Me encanta cuidar a las personas y me interesa como funciona el cuerpo humano.

¡Oh, deberías estudiar para ser enfermera!

un arsenal de ideas para probar. Estas ideas se convertirán en tu plan de acción para alcanzar el éxito.

Define tu éxito

Empieza con el final en la mente. ¿Qué es lo que quieres lograr en tu vida? ¿Te quieres convertir en millonario y vivir con el estilo de vida que tú deseas para ti y para tu familia? ¿Convertirte en un consejero espiritual para inspirar a tu congregación cada semana? ¿Convertirte en el mejor padre o madre del mundo, con la oportunidad de criar hijos sanos y felices? O ¿Qué tal si tu definición de éxito es todo lo arriba descrito? Hazte estas preguntas y pon mucha atención a tus respuestas. Ellas te dirán lo que el éxito significa para ti.

Descubre tu pasión

La manera más fácil de obtener el éxito es trabajando en lo que te apasiona. Pregúntate a ti mismo: ¿Qué es lo que me gusta hacer? ¿Qué actividades me llenan de alegría y gozo?

Al conocer con exactitud tu pasión y el objetivo que deseas, te será más fácil identificar el camino que te conducirá a éste. Se te presentarán muchos caminos en frente, y esta claridad te ayudará a escoger el correcto, el que te llevará al éxito que tú persigues. Sin esta claridad, puede ser que escojas un camino y lo recorras con ahínco, solamente para descubrir cuando hayas llegado al final que era el camino equivocado.

Como es el caso de Edwin Gil, talentoso artista en Charlotte, quien asistió a la universidad para estudiar administración de empresas. Después de su graduación se dio cuenta que su verdadera pasión era el arte.

Si estás ocupado en una actividad y no sientes como si estuvieses trabajando, sino más bien pasando un tiempo agradable, el tiempo se te pasa volando, sin siquiera darte cuenta. Quieres trabajar en esta actividad todo el tiempo y estás interesado en aprender más sobre el tema. Si sientes de esta manera, habrás identificado tu pasión o una de tus pasiones.

Ya conoces tus pasiones y ahora ¿Qué? Ahora tienes que ver si puedes ganarte la vida trabajando en tu pasión.

¿Te conduce tu pasión al éxito?

Una vez que descubras tu pasión, piensa cómo puedes incorporarla en una profesión. Por ejemplo: Si te gusta cocinar, piensa si te gustaría estudiar arte culinario y convertirte en un excelente chef y trabajar para un prestigioso hotel o restaurante y ganar un sueldo muy alto. O si te gustan los animales, ¿Quisieras transformarte en un veterinario? O si te encanta comer sano y mantenerte delgada y luciendo fantástica todo el tiempo, ¿Te gustaría convertirte en la mejor experta en nutrición, bienestar y ejercicios del país? ¿Abrir tu propio estudio, expandir tu negocio escribiendo libros, enseñado tu tema a través de Internet en audio libros, vídeos y seminarios audio visuales?

Escribe tu plan

Ya has hecho bastante análisis interno y ya tienes una idea más clara de lo que te gustaría hacer, el siguiente paso es escribir tu plan para lograr tus objetivos. Escribe tu plan tan detallado como te sea posible, enumera todos los pasos que necesitas tomar para lograr tu gran meta.

Piensa en grande, sueña en grande

Tienes el talento de llegar tan lejos como quieras en tu carrera, en tu negocio y en tu vida personal. Puedes ser tan exitoso como tu imaginación te lo permita. Todo lo que nazca y crezca en tu mente lo puedes hacer realidad si crees en ello.

Organiza tus metas

Puedes organizar tus metas de cualquier manera que lo desees siempre y cuando el sistema que uses te dé claridad y guía de las actividades que tienes que hacer para avanzar. Una manera de organizar tus metas es por año. ¿Cuáles metas deseas realizar este año y el año que viene y el siguiente año? Haz un plan a 3 – 5 – 10 años y más. Planifica tu retiro hoy, así esté a 30 años de distancia. Mientras más temprano empieces a ahorrar mejor. Calcula cuanto dinero necesitarás tener en una cuenta de inversiones, que te dé intereses para vivir en tu retiro con el estilo de vida apropiado para la persona exitosa que eres. Luego escribe metas más pequeñas, actividades mensuales, semanales y diarias que deberías hacer para lograr esas grandes metas en el futuro. La ejecución de estas metas pequeñas te dará la experiencia para lograr las más grandes.

Mi ahijada Gianina Hink es un ejemplo perfecto del proceso que describo aquí. Ella deseaba el éxito y tenía una visión clara de lo que quería lograr:

Vino a Estados Unidos de su natal Venezuela a los 16 años. Llegó sola, hablaba poco inglés y no sabía cómo pagaría su educación. Pero estaba decidida a educarse y encontró como hacerlo. Trabajaba en tres empleos mientras atendía el Central Piedmont Community College a tiempo completo. Estudiada con fuerza para sacar las mejores calificaciones y esto le ayudó a conseguir becas.

Todos sus sacrificios valieron la pena. Se graduó del Central Piedmont Community College, de allí pasó a Belmont Abbey College, una universidad de cuatro años donde obtuvo su licenciatura. Más tarde y trabajando a tiempo completo se graduó de su maestría en administración de empresas de Wake Forest University.

Hoy Gianina disfruta del trabajo de sus sueños en Compass Group North America. Está felizmente casada con Rob Hink y tienen dos niños. Ella puede decir que todos sus sueños a nivel profesional y personal se han hecho realidad.

Gianina sabía lo que quería y se lanzó a conseguirlo. Desarrolló y siguió su plan. Entendía que necesitaría trabajar duro, duro, duro y tener mucha disciplina para alcanzar sus metas. Nunca se dio por vencida. Usa su historia para inspirarte. Tu también puedes alcanzar tu propio éxito.

¡Pon tu plan en marcha!
Una vez que tengas listo tu plan para alcanzar tu éxito, no solamente hables de él con tus familiares y amigos, ponlo en marcha.

Ejemplos de actividades a corto plazo que debes realizar para alcanzar tus metas a largo plazo

Puedes aplicar el principio detrás de estas prácticas para cualquier sueño que tengas. Si tu meta a largo plazo es convertirte en el mejor chef del país, tus metas a corto plazo pueden incluir:

● Inscribirte en la universidad para estudiar Arte Culinario.

● Trabajar en una y en todas las posiciones en un restaurante para adquirir experiencia y conocer el negocio desde abajo.

● Cocinar en la casa para miembros de tu familia y amigos para ir adquiriendo experiencia.

● Participar en concursos de cocina.

● Leer libros o entrevistas en periódicos y revistas sobre exitosos chefs.

● Crear relaciones con algunos de los buenos chefs en tu comunidad y compartir con ellos tu sueño de convertirte un día en un gran chef. Ellos te darán consejos de como lograrlo.

Pagar el precio: el éxito no es gratis

Quizá ya sabes esto: El éxito tiene un precio, pero la buena noticia es que puedes pagarlo si te lo propones. El precio que debes pagar para lograrlo incluye trabajar duro, duro, duro, haciendo tareas difíciles y sacrificios. Pero si quieres vivir en una casa linda, manejar el auto de tus sueños, tomar maravillosas vacaciones con la familia, enviar a tus hijos a los mejores colegios dentro y fuera del país, puedes hacer las actividades por difíciles que sean para lograr todo este bienestar.

Es posible tener todo el dinero que necesitas para el estilo de vida que deseas. Sigue adelante. Deja de estar viendo televisión o entreteniéndote con actividades que son una pérdida de tu valioso tiempo. Dedica esas horas a hacer las actividades en tu plan, las cuales te llevarán a obtener las riquezas que deseas.

Actividades difíciles y sacrificios incluyen cosas que a nadie le gusta hacer. Sin embargo las personas exitosas las hacen de todas maneras porque saben que ésas son precisamente las actividades que los ayudarán a alcanzar sus metas.

Veamos tres de las más importantes actividades que personas altamente exitosas realizan todos los días para prepararse a si mismos para alcanzar o mantenerse en el éxito en su vida profesional y personal. Tú puedes hacerlas también:

1. Levantarte tres o cuatro horas antes de la hora que quieres salir de la casa al trabajo.

2. Trabajar duro, duro, duro.

3. Estudiar y aprender todo el tiempo.

Ampliemos estas tres actividades:
1. Levantarte tres o cuatro horas antes de la hora que quieres salir de la casa al trabajo

Lograrás el éxito si te mantienes productivo durante todo el tiempo que estás despierto. Asegúrate de usar las horas que tienes en el día eficientemente. Haz estas actividades para obtener la energía y la actitud positiva que necesitarás para alcanzar tu máximo nivel de productividad cada día.

◆ Ora y da gracias a Dios por todas las bendiciones recibidas.

◆ Pídele a Dios su ayuda para tener éxito en todos los retos que encontrarás en el día.

◆ Medita por 20 minutos. Escucha tu voz interna. Logra una callada relajación.

◆ Realiza por lo menos 30 minutos a una hora de ejercicios que incluya ejercicios de flexibilidad y aeróbicos.

◆ Toma una larga ducha con agua tibia.

◆ Toma un desayuno saludable. Como por ejemplo lo que yo tomo: una fruta, un huevo duro y un jugo de vegetales que contenga proteína, fibra, vitaminas y minerales. El desayuno debe ser la comida más importante del día. Estos nutrientes llenarán tu cuerpo de energía y activarán tu cerebro para que genere muchas y claras ideas.

2. Trabajar duro, duro, duro

Debes trabajar largas horas diarias para poder llegar al éxito. Trabajar de noche y los fines de semana es imprescindible. No te van a alcanzar las horas en el día para hacer todas las actividades en tu lista de cosas por hacer. Debes aceptar esta realidad como algo que tienes que hacer y hacerlo sin pensarlo demasiado.

Aquí tienes algunos ejemplos del trabajo duro y la perseverancia necesaria para llegar al éxito:

● El Presidente Barack Obama en su libro *La audacia de la esperanza* cuenta que, durante su campaña para ganar una silla en el Congreso Federal, trabajó durante un año y medio con solamente siete días libres. Trabajaba entre doce y dieciséis horas cada día.

● Ernest Hemingway, quien ganó un premio Nobel de Literatura, dijo que re escribió las palabras finales de su novela *Adiós a las armas* 39 veces.

● Thomas Edison probó de 1,000 maneras hasta que encontró una que funcionara e inventó la lámpara incandescente, similar a la bombilla eléctrica que usamos hoy en día.

● El nadador Michael Phelps ha ganado un total de 22 medallas olímpicas, más que cualquier otro atleta en la historia. En temporadas pico de entrenamiento nada un total de 50 millas a la semana, dividido en seis horas al día, seis días a la semana. Además levanta pesas y hace ejercicios tres días a la semana.

● En los últimos dos años de secundaria Andrés Rodriguez, uno de los estudiantes latinos quien recibió una beca de La Noticia, trabajaba en un supermercado entre 25 y 35 horas a la semana. Tomaba tres clases avanzadas encima de su carga de clases regulares. Casi todas las noches llegaba a su casa del trabajo a las 10 de la noche. Comía algo y se ponía hacer tareas hasta las 1 a.m. y luego se levantaba a las 6 a.m. para de nuevo continuar con otro de sus largos días.

Se graduó de secundaria con una calificación promedio de 3.86. Asistió a la Universidad de Carolina del Norte en Charlotte de donde se graduó de Negocios Internacionales y Mercadeo y una concentración menor en alemán. Hoy en día trabaja en las oficinas de Bank of America en la Ciudad de Nueva York. Andrés dice que la experiencia de haber trabajado tan duro en la secundaria lo preparó para el éxito en su carrera y en la vida.

Si ellos han podido hacer los sacrificios necesarios para llegar a su éxito tú puedes también. Inspírate en ellos. Concéntrate en el premio que deseas con todo tu corazón y con toda tu mente y no sentirás cansancio. Sentirás que quieres seguir y seguir hasta llegar a tu éxito.

3. Estudiar y aprender todo el tiempo

Nunca dejes de aprender. Mantente curioso de todo lo que pasa a tu alrededor. Las teorías cambian, los términos para llamar las cosas evolucionan, se inventan cosas nuevas y debes estar al día con las nuevas tendencias para así servir mejor a tus clientes y ser más exitoso en tu trabajo.

Esto se logra leyendo y estudiando constantemente. Leer te permite alimentar tu cerebro con información nueva y refrescante. Este conocimiento te hará un mejor empleado y adicionalmente te ayudará a hacer tu conversación más interesante y amena.

◆ Crea el hábito de leer una hora diaria. Esto te dará siete horas a la semana cultivando tu mente.

◆ Convierte tu carro en una universidad ambulante. Escucha libros y seminarios en el carro en camino hacia el trabajo y hacia la casa. Aprovecha ese tiempo para educarte.

◆ Si estás en ventas y todos estamos en ventas en realidad, escucha un audio curso sobre las últimas técnicas de ventas y de servicio al cliente en el camino a tus actividades, llegarás al trabajo listo para aplicar esos principios y ser más productivo.

◆ Si escuchas un seminario sobre actitud positiva y entusiasmo en tu camino al trabajo, llegarás con una sonrisa en tus labios y tendrás palabras amables y cariñosas para todos tus compañeros y clientes.

◆ Encontrarás una lista de los libros que te recomiendo al final de este libro.

Recompensas después de tanto sacrificio

Después de leer todos estos consejos sobre qué hacer para llegar al éxito, debes estar pensando: "Esto es mucho trabajo", y estás en lo correcto, es mucho trabajo, pero la buena noticia es que puedes hacerlo, tienes la capacidad de hacerlo, si de verdad deseas tener éxito.

Una estrategia que te ayudará es ésta: No pienses mucho en el trabajo en si que tienes que hacer para llegar al éxito, más bien concéntrate en las recompensas que recibirás después de hacer el trabajo. En otras palabras, concéntrate en el fruto que cosecharás de tu trabajo. Estas recompensas o frutos incluyen:

■ Seguridad financiera, que te dará paz mental

■ Habilidad de proveer para tu familia

■ El respeto y aprecio de los demás

■ Reconocimiento en la comunidad

■ Satisfacción personal

Resumen

- Si deseas ser exitoso en tu vida profesional y personal, tienes que desearlo con todo tu corazón y con toda tu mente.

- Reflexiona sobre cómo puedes transformar tu pasión en ingresos.

- Crea un plan de éxito que incluya tus objetivos a corto y largo plazo.

- El éxito no es gratis. Tienes que trabajar duro y hacer sacrificios para lograrlo. Tú tienes la capacidad para hacer esto.

Preguntas para reflexionar

◆ ¿Cómo defines el éxito que deseas alcanzar?

◆ ¿Qué te apasiona? ¿Puede tu pasión conducirte al éxito?

Acción

❑ Haz una lista de tus metas a corto plazo (para los próximos seis meses a un año).

❑ Haz una lista de tus metas a mediano plazo (para los próximos dos a tres años).

❑ Haz una lista de tus metas a largo plazo (para tres años o más).

NOTAS:

_____

_____

_____

_____

_____

_____

_____

_____

_____

_____

_____

_____

_____

_____

_____

_____

_____

_____

_____

_____

Capítulo Dos

Perseverar hasta lograr el éxito

"Siempre parece imposible hasta que se hace".

—*Nelson Mandela, activista contra el apartheid, filántropo y ex presidente de Sudáfrica*

Aunque trabajes duro para implementar correctamente todos los pasos en tu plan, te encontrarás con obstáculos inesperados en tu camino. Aquí es cuando debes perseverar, no te des por vencido, continúa tu camino. El camino hacia el éxito puede ser tenebroso y lleno de desafíos, pero tú puedes enfrentarte a ellos y superarlos. Tú tienes talento. Cree que lo puedes lograr y lo lograrás.

Cuando te encuentres con el reto cara a cara o sientas que se aproxima a ti, manténte firme en el camino, ni siquiera por un momento pienses en dar marcha atrás. No te permitas perder la visión de hacia dónde vas, ni la pasión por lo que haces, ni la convicción de que llegarás al final del camino y recogerás el trofeo del éxito.

Concéntrate en la victoria. Piensa que está justamente después del obstáculo. Debes pensar hasta conseguir la manera de pasar por encima de él, atravesarlo o quitarlo del camino.

Cuando me encuentro con un problema, trato diferentes soluciones hasta encontrar una que funcione. Aunque la situación se torne muy difícil, nunca me doy por vencida.

Aprender del error
Cuando cometas un error toma estos pasos:

◆ Reconoce que fue un error.

◆ Entiéndelo: ¿Cómo pasó? ¿Por qué? ¿De dónde vino?

◆ Aprende de él: Pregúntate a ti mismo: ¿Qué puedo hacer para evitar un error como éste o muy parecido?

◆ Sigue con el próximo punto en tu lista de cosas por hacer.

Que no te frene el miedo
Aprende a ver el miedo como un obstáculo en tu camino el cual tienes que vencer. Los miedos más comunes son al:

● Fracaso

● Rechazo

● Crítica

● Pobreza

● Enfermedad

● Perder el amor de un ser querido

● Muerte

Reconócelos para enfrentarlos mejor. Mantén la calma cuando los enfrentes. Piensa objetivamente siempre. No permitas que se desarrolle el drama, porque el drama solamente sirve para drenarte de la energía que necesitas para enfrentar el miedo y vencerlo.

Cuando sientas el miedo, reconoce que lo estás sintiendo, pero sigue adelante y haz lo que tienes que hacer de todas maneras. Si esperas hasta no sentir miedo para hacer las cosas nunca podrás poner tus planes en acción. Es importante que aceptes el miedo como lo que es, un sentimiento que puedes tener en cualquier momento, pero no debes permitir que te controle, tu debes controlarlo primero.

Desarrolla temple de acero que te ayude a no dejarte intimidar por el obstáculo o reto. Mantén la calma, piensa cuál de las estrategias que tienes en tu arsenal funcionará y ponla en práctica rápidamente.

Triste por un minuto

Cuando no logras el contrato o la promoción que estabas esperando recibir, permítete sentirte triste por un minuto y después sigue con el próximo punto en tu lista de cosas por hacer. No sientas lástima por ti mismo, ni permitas que otras personas sientan lástima por ti tampoco. La tristeza es un sentimiento negativo y tú quieres mantenerte positivo todo el tiempo.

Esta actitud te hace más productivo y te fortifica el hábito de no perder tiempo en algo que ya no puedes hacer nada para subsanarlo. En su lugar concéntrate en tu próximo proyecto, que sí tiene todo el potencial de acercarte más al éxito.

Recuerda la Oración de la Serenidad del teólogo Reinhold Niebuhr: "Dios, dame la serenidad de aceptar las cosas que no puedo cambiar; valor para cambiar las cosas que puedo; y sabiduría para conocer la diferencia".

Sobrevivir las caídas te fortalece

Debes considerar a los errores como lecciones de vida. Atravesarlos y sobrevivirlos te darán fuerza para persistir. La experiencia te ayudará a desarrollar la fuerza interna que necesitas para seguir adelante, mejor de lo que eras antes de enfrentarlos. "El fracaso es la oportunidad de comenzar de nuevo, pero más inteligentemente", decía Henry Ford, multimillonario fundador de Ford Motor Company, quien falló muchas veces antes de encontrar el éxito.

No todos los retos que enfrentas son errores propios, algunos son producidos por circunstancias completamente ajenas a tu voluntad, como puede ser pasar por una recesión económica a nivel nacional, por ejemplo. Pasar por esa experiencia y sobrevivirla te hace más fuerte. Ahora sabes qué hacer cuando vuelva a suceder.

Mientras más desafíos encuentres en tu camino y los venzas, menor miedo le tendrás a la adversidad. Mantén una actitud entusiasta y positiva, trata de buscar la oportunidad en el reto. Recuerda el dicho: Al mal tiempo, buena cara.

No hay tiempo para excusas

Soy muy viejo. Soy muy joven. No tengo la educación adecuada. Tengo una discapacidad. Me han rechazado demasiadas veces. He probado varias veces y he fallado, yo sé que la próxima vez fallaré también...

A veces creamos barreras como éstas y nos decimos a nosotros mismos que no podemos tener éxito, pero eso no es cierto. Éstas son barreras que creamos en nuestra mente y que debemos superar.

El significado de la perseverancia

"La perseverancia es fracasar 19 veces y
tener éxito en la vigésima".
- Julie Andrews, actriz y escritora

"Con todas las fuerzas en contra, perseverar. Jamás doblegarse.
Mostrarse fuerte atrae el auxilio de los dioses".
- Johann Wolfgang Von Goethe, escritor

"Si se siembra la semilla con fe y se cuida con perseverancia,
sólo será cuestión de tiempo recoger sus frutos".
- Thomas Carlyle, filósofo y escritor

"No creo que haya otra cualidad tan esencial para el éxito
de cualquier tipo que la perseverancia. Supera a casi todo,
incluso a la naturaleza".
- John D. Rockefeller, hombre de negocios y filántropo

Abraham Lincoln: ejemplo de perseverancia

Abraham Lincoln, decimosexto Presidente de Estados Unidos
(1861-1865), es un ejemplo perfecto de lo que significa
perseverancia. En 1809 nació en la pobreza en una cabaña de una
sola habitación en Kentucky. A la edad de siete años comenzó a
trabajar para ayudar a la familia. Su madre murió cuando tenía
nueve años. Sufrió otra tragedia en su vida cuando su prometida
murió a la edad de 22 años. Esta pérdida destrozó su corazón y lo
dejó sumergido en una profunda depresión por seis meses.
Eventualmente se casó con Mary Todd Lincoln con quien tuvo
cuatro hijos. Uno de estos niños, Eddie, murió de tuberculosis a la
edad de cuatro años. Otro de sus hijos, Willie, murió de fiebre
tifoidea cuando tenía 11 años.

A la edad de 23 años Lincoln corrió para un puesto en la legislatura estatal y perdió. Ésta fue la primera de un total de ocho fallas en su carrera política, incluyendo carreras por un puesto en el Congreso Federal, el Senado y la nominación para la vice presidencia. Se mantuvo luchando y a la edad de 51 años fue finalmente electo Presidente de Estados Unidos.

A pesar de todos los obstáculos que encontró en su camino profesional y personal, nunca se dio por vencido. El continuó su lucha hasta que hizo su sueño realidad y se convirtió en uno de los más grandes líderes en la historia de la nación. Lideró al país durante la Guerra Civil, fortaleció al gobierno federal y modernizó la economía. Sus logros también incluyen la creación de uno de los más famosos discursos de la historia: El Discurso de Gettysburg. Firmó la Proclamación de la Emancipación. En junio de 1864, introdujo al Congreso la decimotercera enmienda a la Constitución que llamaba a convertir a la esclavitud en ilegal y la abolía para siempre.

Los extraordinarios logros de Lincoln cambiaron el curso de la historia del país. Pero esto no hubiese sido posible si Lincoln no hubiese sido tan perseverante.

Cuando te sientas cansado y con ganas de darte por vencido, piensa en el Presidente Lincoln. Si se hubiese dado por vencido a la edad de 49 años después de haber corrido de nuevo por una silla en el Congreso Federal y haber perdido, nunca hubiese sido Presidente. Pero no, estaba decidido a seguir tratando hasta hacer realidad su sueño y lo logró. Tú también puedes hacer realidad tus sueños.

Gente famosa que desafió las probabilidades

A continuación, te presento una lista de personas famosas—desde políticos, a estrellas de la música, de atletas a empresarios y escritores—quienes tienen algo en común. Al igual que Abraham Lincoln, ellos se enfrentaron a la adversidad y no fueron frenados por las excusas.

Estas personas se convirtieron en exitosas a pesar de, y en algunos casos debido a, los obstáculos que encontraron. Sus ejemplos demuestran que no importa el desafío que debamos enfrentar, real o percibido, el éxito es posible.

● Franklin D. Roosevelt

Franklin Delano Roosevelt (FDR) fue el trigésimo segundo Presidente de Estados Unidos, ganó un récord de cuatro elecciones presidenciales y ayudó a dirigir la nación a través de la Gran Depresión y la Segunda Guerra Mundial. FDR fue diagnosticado con poliomielitis a los 39 años de edad y se quedó permanentemente paralizado de la cintura para abajo, incapaz de pararse o caminar sin ayuda. Más tarde estableció la Fundación Nacional para la Parálisis Infantil, ahora conocida como March of Dimes.

● Walt Disney

Walter Elias "Walt" Disney, el hombre detrás de Mickey Mouse, sufrió muchos fracasos en su camino hacia el éxito. Su primera empresa de animación fue a la quiebra y fue despedido por un editor de periódico por su "falta de imaginación". La empresa creada por Disney tiene el récord de haber ganado la mayor cantidad de premios de la Academia de Artes Cinematográficas. Ganó 22 en total, de un total de 59 nominaciones.

● El Coronel Sanders

Harland David Sanders, más conocido como "El Coronel Sanders", fundó Kentucky Fried Chicken (KFC), una de las más grandes cadenas de restaurantes de comida rápida del mundo. La primera franquicia de KFC se abrió en el otoño de 1952, justo después de que Sanders cumpliera sus 62 años. Antes de eso, Sanders había tenido varios trabajos, entre ellos sirviendo pollo y otros alimentos a los clientes en una estación de servicio en Kentucky.

● Dr. Seuss

El primer libro escrito por Theodor Seuss Geisel, más conocido por su seudónimo de Dr. Seuss, fue rechazado por 27 editoriales diferentes. El autor de *El gato en el sombrero* y *Huevos verdes con jamón* se convirtió en el autor de libros para niños más vendido de todos los tiempos. Sus libros han vendido más de 600 millones de copias y han sido traducidos a más de 20 idiomas.

● Los Beatles

Los Beatles fueron rechazados por muchos sellos discográficos, entre ellos uno que dijo que "los grupos de guitarra están en el camino de salida" y que el grupo "no tiene futuro en el mundo del espectáculo". Los Beatles son ahora considerados como una de las bandas de Rock más influyentes de todos los tiempos, con más de mil millones de discos vendidos en todo el mundo.

● Steven Spielberg

A Steven Spielberg se le negó la admisión en la escuela de cine de la Universidad del Sur de California, no una, sino dos veces. Se convirtió en el director de algunos de los éxitos de taquilla más importantes de la historia del cine y ahora tiene valor de miles de millones de dólares. En 1994 recibió un título honorario de la escuela que lo rechazó en dos ocasiones.

● J. K. Rowling

La autora británica de la serie de *Harry Potter* era una madre soltera recientemente divorciada, quien recibía ayuda de los servicios sociales del gobierno y estaba tratando de equilibrar sus estudios con escribir una novela. Redactó la primera novela de *Harry Potter* en una máquina de escribir manual y su manuscrito fue rechazado por 12 editoriales. *Harry Potter* se ha convertido en la serie de libros de mayor venta en la historia y ha inspirado una serie de películas.

● Oprah Winfrey

Simplemente conocida como Oprah, esta estrella de la televisión es una de las mujeres más exitosas del mundo. Nacida en la pobreza en una zona rural de Mississippi, tuvo una infancia difícil y experimentó varios episodios de abuso traumático, sin embargo se destacó en la escuela secundaria y ganó un concurso que le dio una beca universitaria con todos los gastos pagados. Ella también tuvo obstáculos en su carrera, como ser despedida de su trabajo como reportera de la televisión porque ella no era "apta para la TV". Oprah superó estos desafíos y se ha convertido en una de las mujeres más influyentes del mundo, con un patrimonio neto de más de $3 mil millones.

● Mark Zuckerberg

A los 19 años, Mark Elliot Zuckerberg lanzó Facebook cuando era estudiante de la Universidad de Harvard. Él y sus compañeros lanzaron el sitio desde sus dormitorios y luego lo ampliaron a otros planteles universitarios de todo el país. Para el año 2007, sólo tres años después de que Facebook fuera fundada, la red social de Zuckerberg lo había hecho un multimillonario. Su riqueza personal es un estimado de $46 mil millones. En 2015 Zuckerberg y su esposa, Priscilla Chan, anunciaron que a lo largo de su vida darían la mayor parte de su riqueza para "hacer avanzar el potencial humano y la promoción de la igualdad para todos los niños en la próxima generación".

● Bill Gates

Abandonó la Universidad de Harvard y fracasó en su primer inicio de negocios con el cofundador de Microsoft, Paul Allen. Más tarde Gates fundó la compañía Microsoft, y a los 31 años se convirtió en el multimillonario más joven del mundo, en aquella época. Hoy posee una fortuna cercana a los $80 mil millones y ha donado $30 mil millones de su fortuna a causas filantrópicas a través de la Fundación Bill y Melinda Gates.

Usa las experiencias de estas grandes personas para guiarte, inspirarte y comprobar que el éxito es posible. Estos individuos decidieron hacer todo lo que fuera necesario para lograr sus sueños y alcanzaron el éxito. Tú puedes hacer lo mismo, solamente tienes que creerlo, crear un plan y seguirlo.

Resumen

■ Nunca te des por vencido en tu camino hacia el éxito.

■ Entiende que encontrarás obstáculos en tu camino hacia el éxito y que sobrevivir a estos obstáculos te hará más fuerte.

Preguntas para reflexionar

◆ ¿Qué obstáculos puedes percibir que encontrarás en tu camino hacia el éxito?

◆ ¿Cómo sobrepasarás estos obstáculos?

Acción

❒ Piensa en los retos que has enfrentado recientemente y cómo los resolviste. Haz una lista de las maneras como puedes mejorar la próxima vez que consigas un problema similar.

Capítulo Tres

Mejorar todos los días

"Hay hombres que luchan un día y son buenos. Hay otros que luchan un año y son mejores. Hay quienes luchan muchos años y son muy buenos. Pero hay quienes luchan toda la vida. Esos son los imprescindibles".

—Bertold Brecht, poeta alemán, escritor y director de teatro

Cada día encuentra oportunidades para mejorarte. Nunca sientas que sabes todo, porque este pensamiento limitará tu actitud hacia el aprendizaje. Por el contrario, siempre manténte abierto a aprender cosas nuevas de muchas fuentes y de muchas personas. En la medida que aprendes más, te darás cuenta que hay mucho que no sabes todavía y que te gustaría aprender. Para tener éxito tienes que vivir en una constante lucha por aprender.

Aprender todos los días

Lee libros, revistas y periódicos para aprender sobre temas como finanzas, liderazgo, ventas, servicio al cliente, tecnología, mercadeo, publicidad y gerencia. Lee también libros relacionados con tu industria. Trázate la meta de convertirte en un experto en tu profesión.

Los empleadores buscan personas que les guste aprender y que aprendan rápido. Por este motivo debes aprender cosas nuevas constantemente para mantener tu mente activa. Esto te alista

para aprender funciones nuevas cuando te toque cambiar de trabajo o eres promovido.

Leer es para tu mente lo que el ejercicio es para tu cuerpo.

Extender tus oportunidades a través de la educación

Trabaja para sacar tus credenciales. Si estás en la escuela secundaria quédate hasta sacar tu diploma. Si no terminaste la escuela secundaria, toma clases para sacar tu GED (Certificado de Equivalencia de la Escuela Secundaria). Los programas de GED se ofrecen en los institutos universitarios locales a bajo o ningún costo para los estudiantes.

Los institutos universitarios también ofrecen programas para aprender destrezas técnicas y oficios. Muchos incluso tienen programas de pasantías que ofrecen aprendizaje práctico que pueden convertirse en trabajo a tiempo completo.

Otra opción para obtener tu educación, es completar los cursos generales para tu título en un instituto universitario y luego transferirte a una universidad de cuatro años. Ésta es una opción más económica de educarte debido a que los institutos universitarios tienen costos de matrícula mucho más bajos que la mayoría de las universidades de cuatro años.

Si estás en la universidad, intenta sacar una doble licenciatura para ampliar tus áreas de especialización. Considera la posibilidad de continuar estudiando para obtener una maestría o incluso un doctorado. Si ya estás trabajando, puedes asistir a la escuela a medio tiempo.

Las credenciales lucen muy bien en tu curriculum y te ayudarán a abrir las puertas de mejores oportunidades de empleo. Aunque estas credenciales amplían las oportunidades, no son el único camino al éxito. Si no pudiste obtener un grado universitario cuando estabas joven, de todas maneras tienes la oportunidad de tener éxito si te lo propones, no permitas que esto te limite. Sigue los principios y prácticas que te detallo en este libro y lograrás tu éxito de la misma manera que todas las demás personas.

Muchos empresarios exitosos no continuaron con su educación formal, por ejemplo Benjamin Franklin solamente asistió a la escuela hasta los 10 años de edad. A pesar de esto se convirtió en un polifacético autor, político, científico, inventor y uno de los Padres Fundadores de Estados Unidos. Del mismo modo hay ejemplos más recientes los cuales muestran que sacar títulos no es necesariamente un requisito para lograr el éxito. Por ejemplo, el co-fundador de Microsoft, Bill Gates, y el co-fundador de Apple, Steve Jobs, ambos abandonaron la universidad.

La interminable búsqueda de conocimiento

Sacar las mejores notas que puedas es muy importante durante el tiempo que estés en la escuela. Éstas te permiten conseguir becas para seguir estudiando sin que tu carrera sea un peso financiero. Sin embargo las mejores notas o las mejores credenciales no te harán ni rico ni exitoso automáticamente.

Adquirir conocimiento es importante, pero lo más importante es lo que haces con el conocimiento adquirido. Como pones a tu conocimiento a trabajar para ti, para que éste te lleve al éxito más rápido.

Con el fin de utilizar al máximo tus conocimientos debes hacer una distinción entre conocimientos generales y los especializados. Los conocimientos generales te harán una persona más completa e informada. Esto te ayudará a tener una conversación amena, ya que sabes un poco de todo. Los conocimientos especializados son los que te harán productivo en el trabajo. Debes protegerlos y cultivarlos hasta que te ayuden a transformarte en un experto en tu industria.

Adicionalmente aprende sobre la empresa donde trabajas lo más que puedas, así como de los productos o servicios que la empresa fabrica o distribuye. De esta manera puedes contestar inteligentemente preguntas de los clientes y crear estrategias que permitan que la empresa crezca.

Además de desarrollar tus conocimientos generales y especializados, ya sea a través de la educación formal, experiencia personal, leyendo libros, atendiendo seminarios, conferencias, etc.

El avance de la tecnología

Dado que la tecnología cambia tan rápidamente, más que nunca debes estar abierto a aprender y mantenerte al día con medios tecnológicos de comunicación como Skype, Facebook, Google+, LinkedIn, Instagram, email o mensajes de texto. Es muy importante que mejores tu comunicación con clientes, colegas, amigos y familiares usando estos métodos.

Aprender hobbies

Aprender nuevas habilidades también debe incluir temas como pintura, baile, jardinería, repostería, cocina, etc. Puedes tomar cursos como éstos por Internet o en persona en una universidad o instituto universitario.

Además de ayudarte a convertirte en una persona con una educación integral, asistir a clases para aprender hobbies, te da la oportunidad de socializar con personas que tienen tus mismos intereses.

Tener hobbies relaja y distrae tu mente, la hace olvidar el trabajo por un tiempo. Este descanso mental te permite ser más productivo cuando regresas al trabajo. Tu mente se sentirá como nueva.

Aprender otro idioma

Está comprobado que se adquieren múltiples beneficios de aprender otra lengua. En el campo de trabajo, por ejemplo, ser bilingüe te dará mejores oportunidades de empleo y te diferenciará de la competencia.

Aprender un idioma no es fácil, pero es posible. En todos los estados existen institutos universitarios donde puedes aprender idiomas, sea pagando o de forma gratuita. Además de asistir a un instituto universitario, también puedes aprender otro idioma a través de escuchar audio libros y leyendo libros, revistas y periódicos en el idioma extranjero.

La página de opinión de La Noticia publica cada semana un artículo en español con su traducción al inglés. Éste es usado por muchas escuelas y universidades para enseñar estos dos idiomas. Tú puedes usarlo también. La Noticia está en Internet en: www.lanoticia.com por si no tienes acceso a la versión impresa.

Aceptar el cambio como parte de la vida

"La única constante en la vida es el cambio".

Esta cita se le atribuye al filósofo griego Heráclito. Este pensamiento es muy cierto. Todo a nuestro alrededor cambia constantemente; sin embargo, muchas veces le tenemos miedo al cambio. Creemos que éste puede traernos inconformidad, o nos puede hacer la vida más complicada ya que tenemos que dedicar más esfuerzo y energía en acostumbrarnos a una nueva tendencia, a un nuevo término para denominar las cosas o una nueva tecnología.

Debes ser flexible y estar listo para aprender cosas nuevas cada día y a sentirte bien con ellas lo más pronto posible. Mientras más rápido te adaptes al cambio, más rápido serás valorado por tu empleador.

Una de las estrategias que el presidente Franklin Delano Roosevelt utilizó para sacar al país de la Gran Depresión de la década de 1930, fue su buena actitud hacia el cambio: "Tiene sentido común tomar un método y probarlo. Si falla, admitirlo francamente y probar otro", decía.

Mantener una buena reputación

Según el Diccionario de la Lengua de la Real Academia Española, reputación significa: "Opinión o consideración en que se tiene a alguien o algo".

¿Quieres que tu reputación sea intachable, que todos tengan una buena opinión de ti? Tienes que actuar a la altura de las expectativas.

Por ejemplo, si deseas que todos tengan la opinión de que eres una persona muy profesional, debes llegar temprano a tus reuniones, contestar tus emails o llamadas por teléfono con prontitud, y ser impecable con tu palabra.

Tú también puedes cultivar una excelente reputación tanto a nivel profesional como personal siguiendo estas recomendaciones:

1. Ser puntual

Si tu reunión es a las 9:00 a.m. llega a las 8:45 a.m. a más tardar. Para llegar a las 8:45 a.m. elabora una cuenta regresiva de cuánto tiempo te tomará llegar a donde vas. Si crees que te tomará 30 minutos con tráfico normal agrégale 15 minutos por si acaso encuentras congestionamiento vehicular por un accidente u otro inconveniente. Esto significa que debes salir de tu casa u oficina hacia esta cita a las 8:00 a.m.

Esta recomendación de llegar puntual la quiero extender para galas, recepciones, cenas y otras actividades profesionales y personales. Si te invitan a uno de estos eventos y la invitación dice que es a las 6:00 p.m. llega a las 6:00 p.m., no a las 6:30 y definitivamente no a las 7:00 p.m. Si no llegas a la hora causas mucho inconveniente a la dueña de la fiesta, quien espera que todos sus invitados lleguen para servir la comida o para empezar el programa de la noche. Si es un evento profesional y llegas tarde, le causas un inconveniente al organizador y daña tu reputación, te hace famoso como una persona que siempre llega tarde.

2. Cumplir lo prometido

En todo lo que prometas, sea regresar la llamada a alguien, presentarlo con otra persona, ir a visitarlo, etc., sé impecable con tus palabras. Promete solamente lo que sabes que puedes cumplir.

Si prometes hacer algo, hazlo y dentro del tiempo que lo prometiste.

Cuando recibas una invitación no contestes inmediatamente. Primero revisa tu calendario para ver si no tienes algún conflicto con la fecha y la hora. Luego chequea con otras personas involucradas en la invitación para ver si pueden acompañarte. Si todo está en orden acepta la invitación. Pon el evento en tu calendario y prepárate para asistir.

Si no estás seguro de que puedas asistir es mejor que digas que no puedes aceptar. Es preferible esto a que digas que sí y dos días antes del evento o el día anterior llames para decir que no podrás asistir. Haciendo esto causas un inconveniente al anfitrión.

Obviamente emergencias ocurren y algunas veces tenemos que cancelar un compromiso a última hora debido a ellas, pero ésta debe ser la excepción y no la regla.

3. Contestar emails y llamadas con prontitud
Cuando recibas un email o llamada de un cliente o asociado contéstale lo antes posible.

Si en el email te hacen una pregunta a la cual no tienes respuesta en ese momento, contesta que vas a investigar la respuesta y que regresarás con ella más tarde. Déjale saber a qué hora o qué día crees que puedes tenerle la respuesta. Esto es preferible a no contestar nada en varios días, debido a que no tienes la respuesta a mano.

Si te invitan a una reunión contesta lo antes posible diciendo si puedes ir o no. Si no puedes y no se lo haces saber a la persona que te invitó, ella estará esperando por ti y no puede invitar a otra persona para ocupar tu puesto hasta escuchar de ti. Para evitar dejarla esperando chequea tu agenda y contéstale lo antes posible.

Siempre trata de no causar un inconveniente a otro. Una buena manera de saber si estás causando un inconveniente a otro es aplicar el antiguo principio que dice: "No hagas a otro lo que no te gustaría que te hagan a ti".

4. Invertir en tus amistades

Para cultivar la relación con una persona debes ser agradecido con ella. Sé respetuoso y generoso con tus palabras amables. Éstas las guardamos en una "cuenta de ahorros de amor" en nuestro corazón.

Resumen

- Aprende cosas nuevas cada día.

- Sé puntual.

- Promete solamente lo que puedas cumplir.

- Aprende a decir no, sin sentirte culpable.

- Protege tu reputación. Haz esfuerzos para que las personas que te conocen digan buenas cosas de ti.

Preguntas para reflexionar

◆ ¿A qué cambios te has tenido que adaptar recientemente? ¿Cómo fue la experiencia?

◆ ¿Cuál es tu publicación favorita impresa o en línea, relacionada con tu profesión o industria? ¿Con qué frecuencia la lees?

Acción

❏ Toma nota de las veces que llegas a tus reuniones 15 minutos antes de que empiecen.

❏ Lista por lo menos tres cosas nuevas que aprendiste esta semana.

❏ Solicita a tus colegas que te recomienden publicaciones u otros recursos que te permitan estar al día con las últimas noticias y tendencias en tu sector de la industria.

NOTAS:

Capítulo Cuatro

Mantener una actitud positiva y optimista

"El optimismo es la fe que conduce al éxito. Nada puede hacerse sin esperanza y confianza".

—Helen Keller, autora, activista, primera persona sorda y ciega en graduarse de la universidad

El optimismo es una virtud que tienes que cultivar en tu mente o mejorarla si ya la tienes en ti. Necesitarás de ella constantemente en tu camino hacia el éxito.

A las personas les gusta hacer negocios y pasar tiempo con otras quienes son positivas, alegres, optimistas y entusiastas. Si sienten que tú eres así, que siempre tienes la palabra adecuada para levantarles el ánimo y hacerlos sentir bien, querrán estar de tu lado, haciendo que tu camino hacia el éxito sea más fácil.

Un ejemplo perfecto de este tipo de persona es Carlos Aragao, Gerente de Mercadeo y Ventas para el Mercado Latino de Hendrick Chevrolet Buick GMC Cadillac Southpoint en Durham, Carolina del Norte. Él es muy exitoso en su profesión debido a la actitud amigable y ayudadora que tiene para todos por igual, clientes, jefes, compañeros de trabajo, y proveedores.

Cultivar una actitud positiva

Todos reflejamos al mundo exterior lo que sentimos por dentro. Con este pensamiento en mente, tienes que ser feliz internamente para poder mantener una actitud positiva, alegre, optimista y entusiasta.

Ser optimista es una actitud mental que tienes que cultivar. No sucede por accidente.

Aquí te presento maneras de cultivar una actitud positiva en ti y en otros:

◆ Demuestra una actitud positiva

Un ejercicio a manera de ejemplo: Si un día no te sientes tan entusiasmado como quisieras y alguien te pregunta "¿Cómo estás?" Contéstale: "¡Fantástico! Hoy será un día maravilloso". Este "engaño" al cerebro tiene efecto, inmediatamente después de haberlo dicho con una sonrisa en tus labios, sentirás como realmente te empiezas a sentir alegre.

◆ Comparte una sonrisa

Trata de llevar alegría a los miembros de tu familia, compañeros de trabajo, amigos, clientes y a todas las personas con quien entras en contacto durante el día. Existen muchas estrategias que puedes utilizar para lograr este objetivo. Una de ellas es muy sencilla y ni siquiera tienes que decir una palabra, una dulce y genuina sonrisa logrará el objetivo.

◆ Empápate de mensajes positivos

Lee libros sobre cómo mantener una actitud positiva, incluyendo biografías de personas positivas para que veas como lo hacen ellos. Si te gusta ver películas, trata de escoger una con un mensaje positivo.

Recuerda tu pasado positivo

Es común encontrarse con familias que tienen desarreglos en su funcionamiento. Es también muy común encontrar personas quienes pasaron una infancia llena de retos: pobreza, violación, violencia doméstica, abandono.

Por ejemplo, Thomas Alva Edison, uno de los más prolíferos inventores del mundo, de pequeño fue enviado a la casa con una nota de su maestra donde decía que no podía aprender, que no podía pensar, que era un estúpido. Jack Canfield, el coautor de la serie de libros *Sopa de Pollo para el Alma*, cuenta que su mamá era alcohólica y su padrastro era adicto al trabajo. La mundialmente famosa Oprah Winfrey habla de que fue abusada de pequeña.

Pero ninguna de estas personas permitió que estas realidades frenaran su deseo de alcanzar el éxito. Ellos decidieron enfocarse en desarrollarse a sí mismos y hacer todo lo necesario para llegar a ser quienes deseaban ser.

Analiza las experiencias negativas que hayas podido tener en tu pasado, mira si puedes sacar algo bueno de ellas y olvida el resto. Tira lo malo a la basura y nunca más pienses en ello. De esta manera contarás la misma historia, pero sin el dolor, sin el resentimiento o sentimiento de culpa. La contarás como una historia positiva que te ayudó a perdonar.

Saca lo más provechoso, lo bonito de tu pasado. Transforma tus experiencias negativas en lecciones y así cuando las recuerdes, sonreirás. Este recuerdo grato te dará energía y entusiasmo para continuar tu camino hacia el éxito.

Rodéate de personas positivas

Si tienes alguna persona en tu vida que por su negativismo te drena energía, quítala de tu vida.

Si quieres ser exitoso tienes que rodearte de personas exitosas para aprender de ellas y que te sirvan de inspiración. De la misma manera si quieres mantener una actitud positiva todo el tiempo, tienes que rodearte de personas positivas.

No te critiques, a menos que sea una crítica constructiva

No te critiques a ti mismo al contrario, en lugar de criticarte debes amarte mucho. Si te amas otras personas te amarán también. Las personas te tratarán de la misma manera como ven que otros te tratan y como tú te tratas a ti mismo.

Practica conversación positiva contigo mismo para reforzar tu amor y aprecio. Si cometes un error reconócelo, aprende de él y perdónate. No digas nunca "Qué tonto soy". Esto es lo que se llama relaciones públicas negativas y deben ser eliminadas de tu conversación. Cuenta tus historias de éxito para inspirar a otros y para sentirte bien contigo mismo.

No critiques a otras personas tampoco

Trata de ver el lado bueno de las personas, sus virtudes. Recuerda que todos tenemos una serie de virtudes y una serie de defectos porque no somos perfectos, el único perfecto es Dios. Concéntrate en las virtudes de las personas y perdona sus ofensas, como Dios perdona las tuyas.

Menciona la Biblia que cuando Jesús caminó en esta tierra Él no miraba a las personas como lo que eran, sino como lo que podían llegar a ser. Sigue este bello ejemplo y aprende a ver el potencial de las personas que te rodean.

Estrategias para encontrar soluciones a tus problemas

Cuando una persona escoge exhibir una actitud positiva en sus interacciones con otras personas y consigo mismo, no significa que no tiene problemas, lo que significa es que maneja sus problemas de una manera diferente. Ella usa estrategias para encontrar soluciones y su principal deseo es mantenerse positivo a pesar de la adversidad que está viviendo. Usa estas estrategias que te doy a continuación y tú también encontrarás las soluciones a tus problemas y te mantendrás positivo durante el proceso.

1. Escribe tus problemas y junto a ellos varias soluciones posibles

Toma una hoja de papel y divídela en dos. En la parte izquierda escribe los problemas. En la parte derecha escribe las soluciones. Escribe varias soluciones para el mismo problema. Con esta información haz un plan para resolver tus problemas.

Empieza a implementar tus soluciones inmediatamente después de que sientas que tienes el mejor plan posible. Si una solución no funciona prueba otra de la lista de posibles soluciones que elaboraste. Sigue probando hasta que consigas una que funcione. Manténte objetivo. Si no permites que la emoción te embargue conseguirás la solución más rápido.

Si es posible busca a alguien que haya atravesado por el mismo problema (o por lo menos uno parecido) para que te cuente su experiencia y cómo salió adelante.

2. No pienses en tus problemas cuando estés cansado

Si estás cansado y comienzas a pensar en tus problemas, te sentirás triste, débil, sin fuerzas para solucionarlos. Lo mejor es que te digas a ti mismo: "No, mejor duermo esta noche y pienso en este problema y su solución mañana por la mañana". Cuando estás descansado y fresco, tu cerebro funciona mejor. En ese momento te sentirás en un estado mental muy diferente, lleno de energía positiva, con confianza en ti mismo y listo para enfrentar el problema y encontrar la mejor solución.

Nunca tomes decisiones basadas en la emoción o la desesperación del momento.

3. Resuelve un problema a la vez

No trates de resolver todos tus problemas o retos al mismo tiempo ya que esto sería abrumador. Concéntrate en uno a la vez y prioriza tus problemas.

El primer paso para solucionar un problema es entenderlo, ¿Qué es esto? ¿De dónde vino? ¿Por qué se desarrolló? Las respuestas a estas preguntas te ayudarán a encontrar la raíz del problema y su solución.

Llena tu mente con entusiasmo, esperanza y energía positiva que te ayuden a mantenerte enfocado en el trabajo hasta que lo termines.

Resumen

- El optimismo es un estado mental que se puede cultivar.

- Concéntrate en encontrar fuentes de energía positiva, optimismo y entusiasmo.

- Piensa en varias soluciones para un mismo problema, si acaso una solución no funciona, tienes otra lista.

Preguntas para reflexionar

◆ ¿Cuáles acciones tomarás para cultivar una actitud positiva?

◆ Encuentra un aspecto negativo de tu pasado. ¿Cómo puedes transformarlo en una lección de vida?

Acción

❏ Haz una lista de las fuentes de energía positiva que funcionan para ti.

Capítulo Cinco

Causa una extraordinaria primera impresión

"Nunca tendrás una segunda oportunidad para causar una primera buena impresión".

—Will Rogers, comediante y columnista

La primera impresión que causas en las personas con quienes te relacionas, bien sea a nivel personal o profesional, es muy importante. En algunos casos esta impresión es tan fuerte que se quedará en la mente de las personas por mucho tiempo o para toda la vida. Toma estas recomendaciones para convertir esa primera impresión en la mejor posible.

Vestir apropiadamente

Debes saber cuál es el código de vestir para cada ocasión para que tu vistas de la misma manera que el resto de los asistentes, ya que quieres sentirte que encajas en el grupo.

Por ejemplo, para una entrevista de trabajo o cualquier reunión de negocios, los hombres deben llevar saco y corbata. Las mujeres pantalón o falda, blusa y chaqueta. Ésta es la tradicional manera de vestir para atender reuniones y actividades relacionadas con trabajo. Sin embargo, si eres un hombre y sabes que para el trabajo que estás solicitando los hombres no se visten de esta

manera y sabes que el hombre que te entrevistará no se vestirá de esta manera tradicional, entonces no lleves saco y corbata tú tampoco. Solamente asegúrate de que esto es así para no perder la oportunidad del trabajo por no ir vestido apropiadamente.

Para asegurarte de cuál es el código de vestir apropiado para un evento social, sea de negocios o personal, chequea la invitación para ver si lo describe. Si no dice nada al respecto, envíale un email a la organizadora y hazle la pregunta. Seguir el código de vestir solicitado es una señal de respeto y aprecio hacia el anfitrión del evento.

Prestar atención a los detalles

Además de la ropa que llevas puesta, para lograr una buena primera impresión debes poner atención a detalles como mantener tus uñas limpias y cortadas. Evita el uso de perfumes o colonias fuertes, ya que muchas personas son sensibles a los olores fuertes, eso sí, trata de oler a limpio y fresco en todo momento. Cepíllate los dientes antes de ir a un evento. Las recepciones son muy concurridas y las personas por lo general te hablan muy de cerca, de manera que quieres que tu aliento esté fresco.

Si te vas a un evento directamente de la oficina, los hombres pueden usar toallitas mojadas para limpiar su cara, las mujeres pueden retocarse el maquillaje. Algo adicional que funciona para mí es ponerme gotas de lágrimas artificiales en los ojos. Estas harán que tus ojos luzcan descansados inclusive después de un largo día de trabajo.

Lenguaje corporal

Para poder dar una buena impresión también es recomendable dar la debida importancia al lenguaje corporal.

Siempre ofrece un firme apretón de manos, camina con la cabeza en alto y los hombros erguidos, sonríe y haz contacto visual con las personas.

Mantén una buena postura, sea que estés sentado o de pie. Evita cruzar los brazos. Esto me lo enseñó hace mucho tiempo Hugh McColl, ex Chairman y Presidente Ejecutivo de Bank of America. Estábamos tomándole fotos para una de nuestras publicaciones y yo le pregunté si quería cruzar los brazos. Me dijo que no, porque cruzar los brazos era dar un mensaje de que no eres abierto y amigable. Nunca más crucé mis brazos en ninguna situación después de haberlo escuchado. Tu cuerpo debe enviar un mensaje de que te sientes bien contigo mismo y en la situación en la cual estás en ese momento, que eres una persona con fortaleza mental y espiritual y que sabes lo que quieres.

Sonreír cálidamente

Una sonrisa envía el mensaje de que estás contento estando donde estás y de que eres una persona agradable, gesto muy importante para dar esa buena primera impresión. Sonríe de forma natural aun cuando estés hablando. Una cálida sonrisa te puede llevar muy lejos en el camino del bienestar y la amable aceptación de otros.

Contacto visual

Utiliza el contacto visual para reconocer la presencia de cada persona en la mesa o en la reunión. Mira a los ojos de todas las personas sin excepción, una por una, sosteniendo de forma natural y por unos segundos la mirada de cada uno.

Si te mantienes mirando solamente a una o dos personas, primero harás sentir mal a estas personas a quienes miras, al hacerles sentir que quizá están haciendo algo para monopolizar tu atención. Segundo, harás sentir muy mal a las personas con quienes no tienes contacto visual. Se sentirán ignoradas y excluidas de la conversación, empezarán a pensar en otra cosa ajena al tema que estás tratando, a jugar con su teléfono, o alguna otra cosa, porque perderán interés en ti y en lo que estás diciendo.

Toma en cuenta que las personas puede ser que no recuerden lo que dijiste, pero sí recordarán como las hiciste sentir. Para enfatizar este punto, tu interés siempre debe ser hacerlas sentir bien.

Para tener éxito necesitas la ayuda de otras personas. Nadie llega al éxito por sí solo, así que mientras más amor siembres en tu camino, más oportunidades tendrás de conseguir personas que te ayuden.

Comentarios positivos y genuinos

Para mantenerte positivo debes tener pensamientos positivos siempre. Esto es importante pues lo que pensamos es lo que comunicamos verbalmente. Lo que pongamos en nuestro cerebro es lo que saldrá en nuestras palabras y a través del lenguaje corporal.

Cuando sientas que un pensamiento negativo entra en tu mente, descártalo inmediatamente. Un ejercicio que puede funcionar es decir en voz alta: "Alto, no quiero pensamientos negativos en mi mente" y lo dejas ir.

Tus pensamientos y expresiones además de ser positivas deben también ser genuinas. Si le dices a una persona que está muy linda tienes que de verdad sentirlo en tu corazón.

Proyectar seguridad en sí mismo

Si entras a una reunión con la cabeza en alto, los hombros erguidos, una sonrisa en tus labios, llegas vestido apropiadamente, das un firme apretón de manos, eres genuino en tus halagos, haces contacto visual con todos los presentes al saludar, estarás proyectando seguridad en ti mismo. Esto despertará credibilidad y confianza en las personas del grupo.

Controla tu voz para que suene del tono adecuado, es decir, ni muy alta que perturbes a los presentes, ni muy baja que no se te escuche lo que estás diciendo. Todos estos detalles te ayudarán a empezar la reunión con buen pie.

Mantenerse informado

Tener las respuestas correctas a las preguntas que te hagan es otra efectiva manera de causar una buena primera impresión. A la gente le gusta hablar con personas quienes son expertos en su área ya que todos estamos siempre buscando oportunidades para aprender cosas nuevas o para refrescar la memoria de lo que ya sabemos.

Claro está, si no tienes la respuesta correcta es mejor decir que no la tienes. Tampoco es que la gente espera que sepas absolutamente todo, lo que sí esperan es que lo que sepas lo sepas bien, con propiedad y con detalles. Si no tienes la información completa es mejor que ni siquiera empieces el tema.

Encuentra tus propias fuentes confiables de información sobre tu industria. Al mantenerte al día con los últimos cambios das una buena primera impresión de que estás informado. Además, te conviertes en un recurso imprescindible para clientes, relacionados y amigos.

Resumen

■ Concéntrate en causar una buena primera impresión vistiendo apropiadamente de acuerdo con la ocasión, usando lenguaje corporal eficientemente, proyectando seguridad en ti mismo y manteniéndote informado sobre asuntos generales y relacionados con tu industria.

■ Sé genuino y agradable.

■ Llena tu mente de pensamientos positivos que se manifestarán en tus conversaciones e interacciones con otros.

Pregunta para reflexionar

◆ Piensa en alguien a quien consideras un modelo a seguir. ¿Qué hace esta persona para sembrar una positiva impresión en ti y en otros?

Acción

❑ Haz una lista de por lo menos cinco actividades que realizarás para dar una buena primera impresión la próxima vez que asistas a una recepción, a una entrevista de trabajo, a una entrevista para solicitar una beca, o a cualquier otra ocasión importante.

NOTAS:

Capítulo Seis

Desarrollar una excelente ética de trabajo

"El genio es uno por ciento de inspiración y noventa y nueve por ciento de transpiración".

—Thomas Edison, inventor

Estados Unidos –la tierra de la oportunidad– te ofrece la posibilidad de ascender, puedes comenzar teniendo poco y crecer hasta tener mucho, de alcanzar el éxito en cualquier aspecto de tu vida y en cualquier etapa de tu vida. El principio detrás de este pensamiento es que si trabajas duro para mantener a tu familia y das de regreso a la comunidad prosperarás.

Las dos palabras claves aquí son "trabajar duro". Tienes que desarrollar una excelente ética de trabajo si quieres tener éxito.

¿Qué es una excelente ética de trabajo?

Tener excelente ética de trabajo significa muchas cosas, incluyendo estar agradecido por tener trabajo y ejecutarlo más allá de las expectativas de tu jefe.

También significa que debes entender que trabajar 40 horas a la semana no es suficiente para tener éxito. Con 40 horas a la

semana te mantendrás dentro del promedio, pero nada más. Ten
la plena seguridad de que todas las personas exitosas que tú
conoces, son sumamente productivas y trabajan un promedio de
60 horas a la semana y hasta 72 horas a la semana en ocasiones. 72
horas a la semana significa 12 horas diarias, 6 días a la semana.
Impresionante ¿Verdad?

Una excelente ética de trabajo también
se logra haciendo el trabajo de la mejor
manera posible sin que tengas que ser
supervisado. Que tú mismo te supervises,
que tú seas tu propio jefe, que tú mismo
te empujes y te motives a ser lo más
productivo posible.

Si te están pagando por 8 horas de trabajo, trabaja por 8 horas
con fuerza. Sé orgulloso y siente que no quieres que te regalen el
dinero, sino que te lo quieres ganar con el sudor de tu frente.

¿Qué tipo de empleado se prefiere en una empresa?
Si le preguntas a un empleador lo siguiente:

◆ ¿Prefieres al empleado que está buscando siempre una
oportunidad para dejar de trabajar y toma muchos descansos
durante el día, o al empleado que le gusta ser productivo?

◆ ¿Prefieres al empleado que se queja todo el tiempo de que
trabaja mucho, o al empleado que sigue las instrucciones con una
buena actitud?

◆ ¿Prefieres al empleado que llega a trabajar todos los días y
puntualmente, o prefieres el que siempre tiene una excusa para no
ir al trabajo o para llegar tarde?

Las respuestas a estas preguntas son obvias.

Principios para cultivar una excelente ética de trabajo

◆ Llega 15 minutos antes de la hora oficial de empezar a trabajar.

◆ Sé productivo. Llega a la oficina con un plan ya pensado, bien estructurado y aprendido e impleméntalo de inmediato.

◆ Piensa en este viejo dicho: El tiempo es oro. Tómalo al pie de la letra y no desperdicies ni un minuto. No pierdas tiempo comentando por mucho tiempo el juego de pelota de la noche anterior o la película.

◆ Trata de hacer tus cosas personales fuera de horas de trabajo.

◆ Ten una actitud positiva en todo momento.

◆ Trata de hacer tu trabajo sin errores.

◆ Comunícate claramente y positivamente con clientes y con personas dentro de la organización.

◆ Mantén la calma bajo presión. Evita el drama.

◆ Termina tu trabajo a tiempo o antes de la hora que te dijeron.

◆ Sigue instrucciones.

◆ No tomes descansos frecuentes.

◆ No hables por teléfono con amigos durante horas de trabajo.

◆ No hables tan alto que molestes a tus compañeros de trabajo.

◆ No escuches música que les moleste a tus compañeros. Si te concentras mejor en tu trabajo escuchando música, usa audífonos.

◆ Ejecuta tus funciones con una calidad superior a la que se espera de ti.

Tu trabajo productivo te traerá muchos beneficios, por ejemplo:

■ Oportunidades de hacer dinero

■ Posibilidades de ascenso en tu carrera

■ Oportunidades de que te aumenten el sueldo

■ Satisfacciones profesionales y personales

■ Oportunidades de conservar tu empleo si llegara una recesión para tu empleador y necesitara hacer una reducción de personal

Atributos de empleados valiosos
■ *Conocer el trabajo y la empresa*
1. Aprende cuáles son tus funciones.

2. Lee el manual de normas y procedimientos las veces que sea necesario hasta que aprendas tus funciones claramente. Si hay algo en el manual que no entiendes, pregunta a tu jefe para evitar malos entendidos. Tu jefe se sentirá muy contento de ayudarte y adicionalmente verá en ti a una persona interesada en aprender.

3. Sigue las instrucciones en el manual, por ejemplo, cuál es el procedimiento para pedir permisos, cuántos permisos son permitidos, cómo solicitar vacaciones, cuántos días de vacaciones son permitidos y otros detalles de la cultura de la empresa. Aprende estos detalles y sigue las instrucciones.

4. Aprende todo lo que puedas acerca de la compañía, por ejemplo: su historia; los dueños o socios y su filosofía relacionada con el crecimiento de la empresa; sus planes para expansión; beneficios para los empleados; como la empresa contribuye a la comunidad, etc.

Lee su página web, boletín informativo, folletos y cualquier otro material disponible para aprender sobre sus servicios. Esto te permitirá responder inteligentemente a las preguntas de los clientes y crear estrategias para ayudar a que la compañía crezca.

■ Honestidad

Di la verdad, esto desarrolla confianza entre tus supervisores, compañeros y subordinados. Esto te ayuda a mantener un claro canal de comunicación, lo cual evita malos entendidos.

■ Respeto

Trata a todas las personas con respeto y profesionalismo, exactamente como esperas que otros te traten a ti.

■ Liderazgo

Conviértete en un modelo a seguir. Liderar por vía del buen ejemplo es el mejor estilo, ya que enseña habilidades a tu grupo mucho mejor y más rápido que con palabras. El método de: "hazlo como te digo, no como yo lo hago", no funciona.

■ Persistencia

Persevera hasta alcanzar tus metas. Lo bueno nunca ha sido ni nunca será fácil de obtener. Encontrarás desafíos a cada momento y cada día. Con valentía, perseverancia y una actitud positiva los puedes vencer.

■ Humildad

Reconoce el esfuerzo de otros. Da crédito a quien hizo el trabajo.

■ Confidencialidad

La información confidencial de la empresa que aprendas por la naturaleza de tu trabajo, debe quedarse allí y no compartirlo, con nadie fuera de ella.

■ Lealtad

Es una virtud ofrecer lealtad hacia la empresa que nos da el trabajo, que provee el pan nuestro de cada día. Siente esta lealtad en tu corazón y demuéstrala a través de tu comunicación verbal y a través de acciones hacia tus compañeros de trabajo y personas fuera de la empresa. Que lo sepan todos, que trabajas para esta empresa y que estás orgulloso del tipo de empresa que es.

Obviamente si no sientes de esta manera por la empresa donde trabajas actualmente, quizá es el momento de empezar a buscar trabajo en una empresa que pudiera despertar este sentimiento en ti. Esta empresa existe en el mercado, solamente tienes que buscarla hasta encontrarla. Estarás en una mejor posición para ser feliz y por lo tanto avanzar más rápido en una empresa, si sientes lealtad hacia ella en tu corazón.

Si sigues estas recomendaciones siempre tendrás trabajo y siempre disfrutarás de la estima de tu jefe y de tus compañeros. Al alcanzar este nivel, te colocarás en la mejor posición para ser considerado primero cuando una oportunidad de promoción surja y de ser considerado de último cuando la empresa tenga que hacer reducción de personal.

Planificar el día de trabajo

Antes de irte para tu casa en la noche planifica tu trabajo para el día siguiente. Una vez que sepas cuáles son estas actividades, en la noche puedes reflexionar sobre ellas y pensar en ideas sobre cómo puedes realizarlas de una manera más efectiva y eficiente.

Habiéndote dado tiempo para pensar y planificar tus tareas, en cuanto llegues al trabajo puedes empezar a ejecutarlas inmediatamente y no perder tiempo pensando donde empezarás el día.

Si tienes un plan, no vas a querer perder tiempo hablando con tus compañeros de trabajo en el comedor. Sentirás que tu trabajo te está esperando y querrás empezar lo antes posible para tener tiempo de hacer todas las actividades en tu lista de cosas por hacer.

Conviértete en el mejor

Trata de ser el mejor en tu ramo. Seas abogado, escritor, médico, vendedor, maestro, banquero, cocinero, constructor, electricista, fotógrafo, camarero, limpiador de casas, o lo que sea que hagas en tu vida para ganar tu sustento, trata siempre de ser el mejor en tu área.

Haz que tu jefe esté orgulloso de ti, que sienta que ayudas con el progreso del departamento u organización. Si haces el trabajo como él espera que lo hagas, lo vas a hacer lucir bien en frente de sus superiores y esto lo llenará de agradecimiento hacia ti.

Si tienes un problema en tu departamento piensa como lo puedes resolver de la mejor manera posible. Mantén a tu jefe informado de la situación, visítalo en su oficina, pero sé breve, porque siempre está ocupado y no quieres distraerlo de sus propias funciones. Preséntale el problema y rápidamente preséntale la solución que habías pensado. Esta manera constructiva de hacer las cosas no tiene precio para un jefe ocupado.

Acciones como éstas te transformarán en un valioso miembro del equipo de trabajo, mejor aún, te convertirán en un empleado imprescindible.

Balancear el trabajo con la familia

Debido a que estarás trabajando duro, duro, duro hacia tu meta de convertirte en exitoso en tu vida profesional y personal, encontrarás dificultades en balancear el trabajo con la familia, pero se puede. Haz un esfuerzo de encontrar ese balance. Por ejemplo: si tienes una importante actividad familiar ponla en tu calendario y no la muevas por nada.

Concéntrate en darle calidad de tiempo a tu familia ya que no podrás darles cantidad. Cuando estés pasando tiempo con ellos no atiendas el teléfono, no chequees tus emails, textos, no veas televisión. Evita cualquier tipo de interrupciones. En esas pocas oportunidades, dedícales 100% de tu atención.

Como vas a tener semanas de intensa actividad durante las cuales no verás mucho a tu familia y otras de menor intensidad en las que puedes compensar, lo mejor es analizar tu balance entre el trabajo y la familia en una base mensual y anual. Saca la cuenta de qué porcentaje de tu tiempo total en el mes y en el año lo dedicaste a la familia versus cuánto tiempo le dedicaste al trabajo. Esto te permitirá saber dónde estás y hacer correcciones de acuerdo con el resultado de tu análisis.

Quieres sentir que realmente estás pasando una adecuada cantidad de tiempo con la familia, que no los estás abandonando.

Ellos merecen y necesitan tu amor y atención para seguir
funcionando bien. Adicionalmente, tú necesitas sentir que tienes
su amor y su apoyo.

No quieres seguir tu camino hacia la riqueza con tanto ahínco
que no te des cuenta de que los estás abandonando y al final
llegar a la cúspide de tu carrera y darte cuenta que estás solo, que
toda tu familia te abandonó. O quizá tú los abandonaste primero,
los cambiaste por el trabajo. No quieres esto y no tiene por qué ser
así. Puedes encontrar un balance que te permita disfrutar de tu
trabajo y de tu familia. Yo lo hice y tú puedes hacerlo también.

Compartir tiempo con la familia

Estos son algunos ejemplos de las actividades que me ayudaron
a mí y que te ayudarán a ti a lograr el éxito en tus relaciones
familiares.

Cuando mis hijos estaban creciendo, yo llegaba del trabajo a la
casa a tiempo para ayudarlos con las tareas, comer con ellos,
escucharlos contarme sus experiencias del día, bañarlos, leerles
antes de ponerlos a dormir. Me daba la oportunidad de ser una
mamá.

Los jueves en la noche llegaban del colegio con el llamado
"Paquete de los jueves", un sobre grande que enviaban las
maestras semanalmente con valiosa comunicación sobre temas
relacionados con la educación de los niños. Ese día después de que
sabía que estaban durmiendo me ponía a leer toda la información
en el paquete, a llenar todas las planillas que había que llenar, a
firmar todas las que había que firmar y escribir las notas para las
maestras que fueran necesarias. Hacer este trabajo podía muy
fácilmente llevarme hasta las 12 de la noche.

A veces se me cerraban los ojos del cansancio, pero no paraba hasta terminar. Este trabajo lo hacía con amor sabiendo que era parte de mi responsabilidad como madre, pero también lo veía como una excelente manera de estrechar y mantener una sana y amorosa relación con mis hijos, con su mundo en el colegio. Hacía esfuerzos para mantener una estrecha relación con sus maestros y administradores de sus colegios.

Mi esposo y yo tratábamos de estar presentes en las actividades importantes de nuestros hijos. Atendíamos las reuniones en el colegio, sus eventos deportivos y sus recitales de guitarra o trompeta. Organizábamos las vacaciones anuales, sus cumpleaños, fiestas católicas y otras celebraciones familiares alrededor de ellos. Ellos estaban en el centro de nuestras vidas. Sabíamos que los disfrutaríamos en casa por 18 años solamente por lo que tratábamos lo más posible de hacer de estos años los más felices. Estos años de actividades juntos, nos han proveído de dulces memorias que guardaremos para el resto de nuestras vidas, en lo más profundo de nuestros corazones.

Mi esposo y yo creábamos oportunidades para pasar tiempo juntos, sin niños. Para hablar y hacer crecer nuestra relación de pareja. Hacer crecer el amor del uno hacia el otro. Chequear que nuestros sueños se estuviesen haciendo realidad y hacer nuevos planes para el futuro.

Hoy me doy cuenta que, aunque pasamos muchas dificultades, nuestro matrimonio está intacto. Que hice lo correcto en mi papel de esposa y en el de madre, sirviendo de modelo a seguir para mis hijos y estando con ellos cuando más me necesitaban. Todo este amor y apoyo de mi esposo y de mi los ha convertido en los hombres sanos y felices que son hoy en día.

Cuando miro hacia atrás, sin siquiera darme cuenta se me pinta una agradable sonrisa en mis labios. Me siento feliz. Una agradable satisfacción embarga todo mi cuerpo y no puedo evitar pensar que, si tuviera la oportunidad de hacerlo de nuevo, lo haría exactamente igual. No cambiaría nada.

Mi más fuerte deseo es que estas palabras te inspiren y te ayuden a creer que tú también puedes hacer esfuerzos y fortalecer tus relaciones familiares para siempre.

Compartir tiempo con los amigos

También es importante enfatizar la necesidad de cultivar amistades con personas quienes piensen como tú, que te apoyen en tus sueños y les guste hacer las mismas actividades recreativas que tú.

Haz una lista de las cosas divertidas que te gusta hacer en tu tiempo de descanso y haz planes para realizarlas.

Tomar descansos y hacer actividades divertidas con la familia y los amigos es una oportunidad para refrescarte físicamente y mentalmente, recargar tus baterías.

Al final del día, un día de descanso y diversión beneficiará tu productividad y tu habilidad de hacer más dinero, ya que regresarás al trabajo más creativo y listo para continuar con tu progreso.

Resumen

■ Llega a tu trabajo temprano con un plan ya pensado.

■ Cumple con las asignaciones que te encargue tu jefe en la fecha o antes de la fecha que te las solicitó.

■ Hazte imprescindible en el trabajo.

■ Sé leal a la empresa donde trabajas.

■ Haz un esfuerzo consciente de balancear tu tiempo entre el trabajo y la casa para cultivar fuertes lazos con la familia.

■ Disfruta haciendo actividades de recreación con la familia y los amigos. Regresarás al trabajo más productivo.

Preguntas para reflexionar

◆ ¿Dónde está tu ética de trabajo en una escala del uno al diez? ¿Cómo puedes mejorar este número si lo amerita?

◆ ¿Cómo describirías tu actual balance entre trabajo y la familia? Si no estás feliz con este resultado, ¿Cómo puedes mejorar?

Acción

❏ Haz una lista de acciones que tomarás para convertirte en un mejor empleado.

❏ Haz una lista de los esfuerzos que realizarás para mantener fuerte tu relación con la familia.

❏ Haz una lista de las actividades de recreación que harás en tu próximo día libre.

NOTAS:

Capítulo Siete

Encontrar un consejero

"Si he logrado ver más lejos, ha sido porque he subido a los hombros de gigantes".

—*Isaac Newton, científico*

Un punto importante que debes incluir en tu plan para tener éxito es desarrollar una relación con uno o varios consejeros. Ellos te ayudarán con sus consejos llenos de sabiduría y también abrirán muchas puertas de la oportunidad para ti, puertas que no pudieses abrir por ti solo.

Cuando mis hijos Alvaro José y Robert Alejandro entraron a la universidad les di muchos consejos. Uno muy importante fue el cultivar excelentes relaciones con todos los profesores y eventualmente con uno de ellos la relación crecerá hasta que éste se convierta en un consejero. La persona que te aconsejará cómo navegar la universidad, a cuáles eventos atender y a cuáles no, cómo escoger los mejores programas de estudios y muchas otras cosas más.

Ellos al igual que el resto de los estudiantes tenían un consejero oficial asignado por el director de su facultad, pero con este tipo de consejero que recomiendo desarrollarás una relación más profunda que con un consejero designado.

Les recomendé darse a la tarea de cultivar la relación con este consejero, crear oportunidades para conocerse mejor, como invitarlo a almorzar o acompañarlo cuando hace su deporte favorito para conversar, escuchar sus historias y que él escuche las tuyas. Que él sepa cómo piensas ante una teoría específica, cuál es tu ideología política, social o religiosa, cuáles son tus sueños, cuáles son tus planes para hacerlos realidad. Mientras más saben uno del otro más se estrecha la relación, más se acercan, más se desarrolla el cariño y el respeto del uno hacia el otro.

Una vez que la relación esté madura será más fácil que este consejero te dé una buena recomendación, bien sea para un programa muy competitivo en la universidad, donde muchos quieren entrar pero no hay cupo para todos, o para un trabajo o para una pasantía en una empresa importante que sabes te ayudará en tu avance.

Mis consejeros
Este consejo yo personalmente lo he seguido durante toda mi vida.

He llegado a tener mucho éxito en los negocios porque he contado con consejeros, personas muy exitosas e influyentes quienes creyeron en mí y me abrieron puertas de la oportunidad.

Cuando llegamos a Charlotte, creíamos que había una necesidad (y además un deseo) de la comunidad latina creciente en la ciudad de tener un recurso de noticias e información local en su propio idioma. Por eso deseábamos empezar el periódico *La Noticia*, pero no estábamos seguros de si ésta era una buena idea.

Le hice una llamada a *The Business Journal of Charlotte* (ahora *Charlotte Business Journal*) y pedí hablar con el director Mark Ethridge.

Mark fue muy amable y me pidió que fuera a su oficina. Una vez en la oficina hablamos ampliamente de mi plan. Me hizo muchas preguntas entre ellas cuántas personas que hablaban español había en Charlotte. Cuando le dije que era un estimado de 40,000 personas inmediatamente me dijo: "Sigue adelante, hay suficientes lectores latinos para que el periódico tenga éxito". Seguí su consejo y La Noticia se ha convertido en una exitosa empresa. De hecho, en el año 2014 y el 2015 *La Noticia* ganó un premio dado por la Asociación Nacional de Publicaciones Hispanas, como periódico destacado en español de Estados Unidos. Mark se transformó en mi consejero inmediatamente y yo sentía que a él le agradaba tener la oportunidad de ayudarme.

Hugh McColl, ex presidente y ex CEO de Bank of America fue mi consejero y de mis hijos por muchos años. Abrió muchas puertas para nosotros. A pesar de tener mucho trabajo, siempre encontraba tiempo para almorzar con nosotros o vernos en su oficina y ayudarnos con sus consejos y recomendaciones.

Conocí al Dr. Tony Zeiss, Presidente del Central Piedmont Community College (CPCC) en Charlotte, hace más de 20 años y sigue siendo mi consejero hasta el día de hoy. Tony es la persona más positiva y entusiasta que conozco. Mi esposo Alvaro y yo somos muy amigos de él y de su esposa Beth. Los queremos mucho a los dos.

Cuando empecé con la idea de compartir en un libro los principios que me llevaron al éxito, fui a ver a Tony a su oficina. Inmediatamente le encantó la idea. Me dio una copia de su libro llamado *Las nueve leyes para ser una persona influyente* y me dijo: "Usa este libro como guía". Qué fantástico obtener este tipo de apoyo de una persona tan buena y a la vez tan ocupada. El CPCC sirve a más de 70,000 estudiantes cada año, así que puedes imaginar la carga de trabajo que tiene su presidente. Sin embargo él siempre está listo para ayudarme.

El Dr. Frankie Jones, Presidente y CEO de la empresa de consultoría Phoenix One Enterprises, Inc. me ha dado invalorables consejos y ha abierto muchas puertas de la oportunidad. Por muchos años me ha asesorado en las mejores maneras de comunicarme con líderes en empresas grandes.

La fórmula que me funciona con mis consejeros es pedirles su recomendación y aplicarla. Cuando el consejo me da resultado lo llamo para contarle lo bien que me resultó mi proyecto aplicando su recomendación. Este reconocimiento los ayuda y los motiva a ayudarme la próxima vez que necesite su consejo.

¿Cómo conseguir un consejero?

◆ Cultiva una excelente relación con miembros de tu comunidad quienes pueden llegar a ser tus consejeros.

◆ Crea oportunidades para conocerlos mejor y que ellos te conozcan a ti.

◆ Busca consejeros todo el tiempo. Nunca se sabe cuándo una oportunidad se va a presentar.

◆ Crea una lista de personas en la comunidad a quienes te gustaría preguntarles si pueden ser tu consejero.

◆ Lee sobre ellos en LinkedIn y Google antes de contactarlos.

◆ Si son escritores lee sus libros. Así en el primer contacto les puedes hablar de cosas específicas que te gustaron en uno de sus libros.

◆ Obsérvalos en acción antes de decidir si es el consejero que estás buscando.

◆ Busca personas que les pudiera emocionar tener la oportunidad de compartir sus conocimientos contigo.

¿Qué tipo de ayuda te puede dar un consejero?

■ Nunca debe hacer cosas por ti, pero te enseñará como hacerlas.

■ Te aconsejará cuando tú se lo pidas.

■ Compartirá algunos de sus conocimientos contigo.

■ Aumentará tu potencial de ser visto y reconocido en la comunidad.

■ Te presentará con clientes potenciales o con empleadores importantes.

■ Te dará los consejos necesarios para subir al próximo nivel en tu trabajo.

■ Te dará confianza en ti mismo.

■ Te solicitará que pertenezcas a juntas directivas en la comunidad para adquirir experiencia en liderazgo.

¿Cómo conectarte con tu consejero ideal?

◆ Busca una oportunidad de conocerlo casualmente en un seminario o recepción de negocios.

◆ En el primer encuentro enséñale que lo has investigado y que conoces su trabajo y sus logros. Por ejemplo, hazle un cumplido sincero o hazle una pregunta reflexiva acerca de su trabajo. La persona reconocerá tu interés genuino, lo cual te ayudará a establecer una buena relación y conexión.

◆ Después de establecer confianza invítalo a almorzar o a un café para continuar la conversación.

◆ Si te sientes nervioso en el primer encuentro, es natural. Simplemente sé tú mismo y preséntate de una manera profesional.

◆ Mantén la conversación sobre él no sobre ti.

◆ No tengas pena de solicitar ayuda. Los multimillonarios lo hacen también. Mark Zuckerberg, fundador y CEO de Facebook, le da crédito a Steve Jobs como su consejero. Bill Gates le da crédito a Warren Buffet.

Para establecer la mejor relación

◆ Sé auténtico, comparte con tu consejero tus esperanzas, sueños y aspiraciones.

◆ Expresa tu convicción de que los dos trabajarán juntos exitosamente.

◆ Háblale de las cualidades que tu valoras en él o ella.

◆ En reuniones con tu consejero hazle preguntas y escucha con atención sus respuestas. Toma nota de lo que dice para luego seguir sus consejos.

◆ No actúes como si sabes todo porque entonces no tiene sentido tenerlo a él para que te guíe.

No insistas si te dice que no

La mayoría de las personas importantes valoran la relación de consejero porque puede darles mucha satisfacción, porque desean compartir sus conocimientos o porque ellos mismos tuvieron consejeros cuando estaba en el camino hacia el éxito y desean pagarle al universo con la misma moneda. Sin embargo, tienes que entender que para ser consejeros ellos necesitan invertir tiempo y es posible que estén muy ocupados y no puedan aceptar la oportunidad en ese momento. Si te dicen que no, entiéndelos, ya que ellos mismos se sienten mal no aceptando. No insistas.

Resumen

■ Necesitarás la ayuda de un consejero o de muchos consejeros.

■ Nadie llega al éxito sin ayuda, necesitas el apoyo de otros.

■ Los mentores te pueden dar invalorables consejos y abrir la puerta de la oportunidad para ti.

Pregunta para reflexionar

◆ ¿En qué áreas te beneficiará tener un consejero?

Acción

❑ Escribe una lista de por lo menos cinco personas quienes te gustaría tener como consejeros.

❑ Escribe un plan de cómo te acercarás a tus consejeros potenciales.

Capítulo Ocho

Comunicarse con eficacia y eficiencia

"Las habilidades de comunicación como escribir, hablar y negociar son fundamentales para una vida exitosa".

—Robert Kiyosaki, autor del libro Padre Rico Padre Pobre

Comunicarte bien te llevará a hacer un mejor trabajo en cualquier área en la que te encuentres. Te conducirá a desarrollar una excelente relación con tus jefes, compañeros y todas las personas con quienes entras en contacto en tus quehaceres profesionales. Te ayudará a evitar malos entendidos, te ayudará a ser promovido más rápido y por lo tanto a ganar más dinero.

Desde el punto de vista personal tener la habilidad de comunicarte bien te ayudará a mejorar las relaciones con tu pareja, con los hijos, con tus padres, con otros miembros de la familia, con los amigos y vecinos.

Enseñarás que posees excelentes habilidades de comunicación si:

◆ Planteas tus ideas claramente.

◆ Preguntas a tu interlocutor si entendió lo que dijiste o si necesita aclaración en algún punto.

◆ Cumples lo prometido.

◆ Dices cosas que edifican y enaltecen a los que te escuchan.

◆ En todo momento mantienes un tono positivo en tu comunicación.

◆ Aclaras si es necesario que tu interlocutor tome una acción relacionada con lo que le acabas de decir y le dejas saber la fecha para hacerla, si existe una.

Considerando que esta habilidad tiene tanto valor en tu camino hacia el éxito, vale la pena tomar tiempo para desarrollarla. Así que ahora hablemos sobre diferentes maneras que puedes utilizar para mejorar tus habilidades de comunicación.

1. Expandir el vocabulario

Si en ocasiones sientes que te hacen falta las palabras apropiadas para expresar tus ideas, haz un esfuerzo en aumentar tu vocabulario. Puedes lograr este objetivo leyendo libros y escuchando audio libros. Estas dos actividades te proveen oportunidades para relacionarte con palabras nuevas. Hazlas de una manera alerta y toma nota de algunas de las palabras, frases y oraciones que el autor u orador utiliza para expresar sus ideas. Memorízalas e incorpóralas inmediatamente en tus conversaciones y escritos. Te sorprenderás de lo rápido que puedes expandir tu vocabulario de esta manera.

2. Convertir el diccionario en el mejor amigo

Cuando leas o escuches una palabra nueva que no estés seguro de su significado, ve al diccionario para entenderla y así sumarla a tu vocabulario y usarla con confianza de que estás expresando lo que realmente quieres decir.

Hoy en día la tecnología te permite fácil acceso a un diccionario. Puedes tenerlo permanentemente en tu teléfono inteligente, en el dashboard de tu computadora o puedes ir a Google y buscar el diccionario de la Real Academia de la Lengua

Española si estás trabajando en español o el diccionario Merriam-Webster si estás trabajando en inglés. Merriam-Webster tiene una página web (www.learnersdictionary.com) que proporciona definiciones fáciles de entender para las personas que hablan inglés como segundo idioma. Haz de estas páginas de Internet tus mejores amigas porque te ayudarán a aumentar tu vocabulario.

Otro recurso que te ayudará con esta misión de aumentar tu vocabulario es un diccionario de sinónimos y antónimos. Úsalo para encontrar alternativas a palabras que utilizas con mucha frecuencia.

3. Atender cursos

Varias organizaciones ofrecen cursos de desarrollo profesional sobre comunicación. Por ejemplo The Employers Association en Charlotte (www.employersassoc.com) ofrece cursos acerca de comunicación eficaz y como ser un buen oyente, para quienes viven en esta ciudad. Revisa estos cursos. Quizá tu empresa puede pagar el costo para que atiendas si le explicas a tu supervisor cómo estos cursos te ayudarán a ser más eficaz en tu trabajo y contribuir más con los objetivos de la empresa.

Comunicación por escrito

Estudia y practica maneras de mejorar tu comunicación por escrito. Esta forma es tan importante para tu éxito como comunicarte oralmente. Aquí te presento algunas pautas para escribir con propiedad:

◆ Ve directo al punto en el primer párrafo. Usa los siguientes párrafos para elaborar sobre el tema.

◆ Escribe párrafos pequeños y deja un espacio entre ellos.

◆ Utiliza herramientas como puntos y negrillas para hacer más fácil la lectura.

◆ Escribe todo lo que quieras decir sin parar. Cuando hayas vaciado todos tus pensamientos en la carta, email, reporte, presentación o cualquier otro escrito que estás creando, regresa al principio y edita el texto dos y hasta tres veces. Elimina adjetivos y superlativos innecesarios y asegúrate de que el mensaje esté claro.

◆ Evita errores ortográficos. Si no estás seguro sobre cómo se escribe una palabra, consulta el diccionario. Si estás apurado y no tienes tiempo para consultar el diccionario, usa un sinónimo, pero no corras el riesgo de dejar una palabra que esté mal escrita porque dejará una mala impresión sobre tu profesionalismo. Esto te puede quitar puntos en la confianza que el cliente tiene o pueda desarrollar en ti.

◆ Si estás escribiendo en español, por favor coloca todas las tildes y las letras ñ. Si no tienes el equipo apropiado a mano para colocar esta letra y las tildes, espera hasta llegar a un punto donde puedas usar un equipo que sí te lo permita. No poner tilde a una palabra que la tiene es un error ortográfico. No poner ñ a una palabra que la necesita puede cambiar el significado de lo que tratas de decir y puede hasta convertir tu contenido serio en algo gracioso, lo cual quita totalmente el objetivo deseado con el contenido de la presentación.

Usa lenguaje inteligente que transmita tu conocimiento sobre la materia y que genere confianza en el lector.

Escribir un correo electrónico

Adicionalmente a los consejos anteriores, cuando estés escribiendo un correo electrónico (email) usa estas pautas para hacer tu comunicación más efectiva y profesional:

◆ Nunca escribas todo el texto en mayúsculas. Dos razones para no hacer esto:

1. Haces que el texto sea más difícil de leer por lo tanto muchas personas ni siquiera harán el intento de hacerlo.

2. Muchos consideran que hacer esto equivale a gritar a una persona. Puedes usar negrillas, itálicas o subrayado para enfatizar un punto.

◆ Especifica el tema a tratar en el correo, en el espacio llamado referencia. Así el destinatario sabe de qué vas a hablarle.

◆ Utiliza un correo electrónico para cada tema. No mezcles temas para evitar confusión.

◆ Mantén el correo corto.

◆ Si incluyes un anexo dilo en el texto.

◆ No repitas información ya dada en el texto. Si el destinatario tiene dudas sobre el contenido, puede volver a leer la información en lugar de que tú se la vuelvas a escribir.

◆ Incluye un saludo personal y fresco al principio. Como por ejemplo: "Espero que estés pasando un día maravilloso" o "Me gustó mucho verte el viernes en la reunión de la cámara". Todos tenemos muy poco tiempo para terminar todas las actividades en nuestra lista de cosas por hacer, por lo que pareciera que siempre estamos apurados. Un saludo cordial como éstos, nos ayuda a parar por un segundo o dos para sentir la calidez y dulzura que viene en él.

◆ Sé bien claro en la acción que deseas que el lector tome.

◆ Si es una invitación, ofrece la información completa: fecha, día, hora y lugar. Siempre incluye el día de la semana además del mensaje de RSVP con la fecha para cuando esperas que las personas te respondan si pueden venir o no.

◆ Despídete con una línea que denote lo que esperas, como por ejemplo: "Quedo a la espera de tu respuesta antes de este viernes a las 5:00 p.m." o "Favor dejarme saber tu decisión antes del lunes."

◆ Siempre incluye un agradable saludo de despedida: "Saludos cariñosos", "Qué tengas un buen día".

◆ Después del saludo de despedida pon tu primer nombre solamente.

◆ Al final de todos tus correos debes tener una firma electrónica constante que salga automáticamente en cada uno de tus emails. Esta firma debe contener tu nombre completo, tu título en la empresa, nombre de la empresa, dirección, teléfonos, fax, dirección de Facebook, de Twitter, email, página web, etc. Pon cada información en una línea diferente.

◆ Cuando te comuniques por esta vía con un grupo, pon atención a si debes usar la tecla "Reply (Responder)" versus "Reply All (Responder a todos)." Responde solamente a las personas involucradas.

◆ Cuando tengas que enviar un email que te envió otra persona, borra el hilo del email que contenga información irrelevante para la nueva conversación que estás iniciando.

Comunicación oral

Un elemento importante para que tu comunicación oral sea efectiva y productiva, es realizar que no es solamente lo que dices sino cómo lo dices. Basado en esta realidad agrégale a tus presentaciones una buena dosis de lo siguiente:

■ Entusiasmo

■ Pasión

■ Humor

■ Seguridad en ti mismo

■ Conocimiento del tema

■ Tono de conversación

■ Historias reales para ilustrar tus puntos

Para asegurarte de que la audiencia preste atención a tus discursos, debe percibir que entiendes bien el tema del cual estás hablando. Que te apasiona y que te sientes muy cómodo compartiéndolo con ellos.

Puedes mejorar aún más tus habilidades para comunicarte bien oralmente escuchando a otros que se comuniquen bien. Cuando asistas a una charla, conferencia, seminario o a una presentación de negocios, observa al orador. ¿Entiendes lo que está diciendo? ¿Te emociona ver como se comunica? ¿Lo hace de una manera sencilla? Si la respuesta es sí, trata de aprender de él. Pero no lo imites, usa lo que te gusta de él que sea apropiado a tu estilo.

Tú también puedes comunicarte como un profesional, solamente necesitas prepararte para ello.

Preparar las presentaciones

Para hacer una presentación espectacular, acorde con tus expectativas y las de los demás, debes prepararte con mucho detalle y con mucho tiempo de anticipación. De la misma meticulosa manera como te preparas para una presentación grande, debes prepararte para una reunión pequeña y para una de persona a persona, donde tienes que discutir un tema importante.

Por ejemplo, si tienes una cita con tu jefe para pedirle un aumento de sueldo, escribe las preguntas que le harás y edítalas varias veces hasta que sientas que realmente te conducen a decir lo que tú quieres decir, para que puedas lograr tu objetivo de una manera positiva y productiva.

Solicitar una cita

Si necesitas discutir un tema importante con alguien, debes programar una reunión. Esto asegurará de que la otra persona te dé 100% de su atención. Si haces la cita por correo electrónico, ambos tendrán un registro escrito de cuando van a reunirse y pueden ponerlo en el calendario.

Escuchar con atención

Otro elemento que debe contener una comunicación efectiva es escuchar. Solamente haz una pregunta y escucha con interés la respuesta. Cuando el interlocutor termine, hazle una pregunta de seguimiento y sigue escuchando.

Escucha con atención e interés lo que te están diciendo. Cuando te hablen no ocupes tu mente en pensar lo que responderás cuando la persona termine de hablar, porque ella se dará cuenta inmediatamente que no la estás escuchando.

Esto corta la línea de comunicación, la cual después es muy difícil de recuperar. Lo mejor es no perderla desde el principio para que la experiencia sea agradable. Durante la conversación manténte en el tema que los ocupa o haz una transferencia a un tema relacionado, pero no saltes de un tema a otro abruptamente.

Si la persona te está diciendo, por ejemplo, que acaba de llegar de Florida, pregúntale cómo estaba el clima en Florida, o cómo le fue en su viaje. Mantén contacto visual con la persona que te habla. Escúchala sin decir palabra o emitir murmullos. Resiste la tentación de pasar el tema hacia ti y contar tu historia relacionada diciendo: "Yo voy a la Florida todos los años. El año pasado visitamos Miami..." En su lugar hazle preguntas y escucha las respuestas con atención.

Puedes hacer expresiones faciales que demuestren al orador que lo estás escuchando y que entiendes lo que está diciendo. Pon atención y usa el lenguaje corporal adecuado. Si el orador dice algo gracioso puedes sonreír o reír. Si el tema es serio, mantén una expresión seria. El concepto de inconscientemente imitar el lenguaje corporal, gestos, lenguaje o actitud de otro, es una técnica muy efectiva en comunicación, ya que desarrolla confianza y mantiene al orador más cómodo.

Una conversación es como una calle de dos vías. El momento para compartir tus experiencias llegará; solamente espera por un corte natural en la conversación para hacer el cambio de roles. Ésta es tu oportunidad de hablar mientras la otra persona te escucha.

Hacer preguntas que estimulen el diálogo

Una forma de promover la conversación es mediante el uso de preguntas abiertas. Por ejemplo, si estás preguntando a alguien acerca de sus vacaciones, en lugar de decir "¿Te divertiste?", puedes preguntar: "¿Cuál fue tu parte favorita del viaje?" Una pregunta abierta estimula una respuesta más completa. Una pregunta cerrada, por el contrario, se puede responder con un simple sí o no y tiende a desalentar la conversación.

Hacer contacto visual

Cuando el orador haga contacto visual contigo mantén la mirada el tiempo que él te mire. Si bajas la mirada o miras hacia otro lado, le estarás enviando un mensaje corporal de que no estás interesado en lo que está diciendo.

De la misma manera cuando tú seas el orador debes mantener contacto visual con la persona o personas a quien te estás dirigiendo. Si estás interactuando con un grupo pequeño de personas como en una cena en una mesa de ocho personas, por ejemplo, haz contacto visual con cada uno de los presentes. Mantén la mirada con cada uno por lo menos por 10 segundos y luego mueve tu mirada hacia la persona de al lado. Repite la acción constantemente durante todo el tiempo que dure tu presentación.

No discrimines a ninguno de los presentes evitando tener contacto visual con él o ella, ni mantengas el contacto visual con uno más que con otro.

Adicionalmente cuando estés hablando con una persona mantén contacto visual con ella todo el tiempo, no mires a tu alrededor a otra persona ya que esto también envía un mensaje de que no estás interesado en seguir hablando con ella. Espera hasta terminar la conversación con ella para concentrar tu atención en otra persona o cosa.

Usar las palabras

No esperes que las personas lean tu mente porque no pueden. Algunas veces, aunque sientes que tus pensamientos están claros en tu mente, cuando quieres expresarlos las palabras no te salen de la manera como te gustaría. En estos casos lo mejor es escribir tus pensamientos, edítalos muchas veces hasta que sientas que expresan lo que tú deseas expresar y luego practica.

Léelos en voz alta en frente del espejo por lo menos cinco veces hasta que sientas que las palabras te salen bien, de una manera natural. Si la primera vez no te salen como tú lo deseas, no te desanimes, sigue practicando y verás como poco a poco te empiezan a salir como tú deseas.

Resumen

■ Aumenta tu vocabulario leyendo libros y escuchando audio libros.

■ Convierte al diccionario en tu mejor amigo.

■ Toma cursos, atiende seminarios y conferencias sobre comunicación u otros temas para mejorar tus habilidades de comunicación.

■ Aprende de otros, pero no los imites. Crea tu propio estilo de comunicarte.

■ Aprende a comunicarte bien por escrito y verbalmente.

■ Edita con mucho cuidado todo lo que escribas antes de enviarlo.

Pregunta para reflexionar

◆ ¿Sobre cuáles temas te gustaría aprender en un seminario o conferencia?

Acción

❏ Haz una lista de actividades que vas a realizar para aumentar tu vocabulario.

❏ Regístrate en un curso o seminario relacionado con tu industria (o cualquier otro tema que te interese).

NOTAS:

Capítulo Nueve

Hablar en público

"Habla de los temas que conoces y sabes que los conoces, así hablar en público te será más fácil".

—Dale Carnegie, escritor

Una persona exitosa no se puede esconder. Conforme avances en tu camino hacia el éxito, las personas lo notarán y querrán escucharte. Por lo tanto es importante que desarrolles habilidades de interacción social y de comunicación, incluyendo tu habilidad para hablar en público.

Si sientes que puedes comunicarte bien de persona a persona, pero te sientes nervioso cuando tienes que dirigirte a un grupo, puedes mejorar. Todo lo que tienes que hacer es practicar hasta que te sientas la confianza en ti mismo para hacerlo.

Preparar el discurso
Planifica tu discurso con mucha anticipación para que puedas desarrollar bien el tema.

Aquí tienes algunos pasos para prepararte para tu discurso:

1. Escribe tu discurso para organizarlo, desarrollar contenido, darle estructura a las ideas y usarlo como guía para practicar. Sin embargo, no leas durante tu presentación. La audiencia no vino a verte leer, sino a tener una conversación contigo, así que cuéntales una historia.

2. Haz una lista de ejemplos y anécdotas que quieres utilizar para ilustrar tus puntos.

3. Lee tu discurso en voz alta por lo menos cinco veces para asegurarte de que contiene los puntos que quieres decir. No lo memorices. La meta con estas lecturas es familiarizarte con las ideas y con las palabras que quieres usar para describirlas.

4. Ahora crea un esquema con los puntos más importantes en él, escribe palabras o subtítulos para recordarte los puntos a tratar y el orden en el cuál quieres decirlos.

5. Practica por lo menos cinco veces frente al espejo, esta vez usando el esquema como guía.

6. Practica también frente a un pequeño grupo de familiares y amigos. Pon atención a los puntos que más les gustó. Escucha sus comentarios de cómo mejorar.

7. Grábate practicando el discurso. Luego escucha la grabación varias veces. Toma nota de las áreas que hiciste bien y de las que necesitan un poco más de atención.

8. Si es posible tómate un video practicando el discurso. Observa el video y analiza lo que estás haciendo bien y lo que debes mejorar.

Partes de un efectivo discurso

Un efectivo discurso tiene tres partes:

● *Introducción:*

una visión general de los puntos a tratar.

● *Cuerpo:*

una elaboración de los puntos mencionados en la introducción, incluyendo detalles, ejemplos y anécdotas.

● *Conclusión:*

resumen de lo que dijiste. Si es aplicable, incluye la acción que deseas que la audiencia tome. Sé específico y enfático en la acción que persigues, si quieres obtener resultados.

Entregar un efectivo discurso

◆ Solicita al organizador del evento un micrófono inalámbrico que te puedas poner en la solapa y que te permita moverte libremente en el escenario.

Camina en el escenario a un paso moderado, que denote energía pero que no intimide o abrume a la audiencia.

◆ Mantén una posición recta, hombros y cabeza levantados y tus dos pies en el piso.

◆ Evita ropa estampada o brillante. Usa colores sólidos.

◆ Diseña tu presentación con ayuda audiovisual (como en PowerPoint, por ejemplo) y proyéctala en la pantalla gigante como una guía para tu audiencia.

◆ No sostengas nada en tus manos, pero si no tienes otra alternativa que sostener el control remoto para cambiar las diapositivas/transparencias de la presentación en PowerPoint, solicita que te den uno que sea pequeño y no juegues con él.

◆ Solicita un monitor que esté en frente de ti y te permita ver lo que se está proyectando en la pantalla, así no tienes que voltear la cabeza para ver cuál es el próximo punto a tratar.

◆ Haz contacto visual con algunas personas en la audiencia y sentirás como si estuvieras conversando con ellos. Si miras a la pared o a la puerta al final del salón, la audiencia te sentirá ausente.

◆ Al final de tu discurso, entrégale a cada miembro de tu audiencia una hoja con los puntos más importantes de tu presentación. Incluye información sobre cómo contactarte si tienen alguna pregunta.

Hacerlos reír

Agrega humor a tu discurso y haz que tu audiencia se ría. Recuerdo que de pequeña leía mucho la sección "La Risa, remedio infalible" en la revista *Selecciones* (*Reader's Digest*). Me encantaba leer esos chistes. Algunos me hacían sonreír y otros me hacían morir de la risa. Luego de este ataque de risa sentía que todo me salía bien, por supuesto, porque estaba alegre y entusiasmada.

Otro beneficio que me daban estos chistes era la oportunidad de contárselos a otras personas y hacerlos reír también o sea que tenían un factor multiplicador. Ésta era una experiencia muy agradable que me traía muy buenos frutos. Por esto te recomiendo que le agregues humor a tus discursos para lograr este mismo efecto.

Hacer que te amen

Haz tu presentación con mucho entusiasmo, desbordante de carisma. Todos amamos a esa persona que sentimos tiene un mensaje fuerte, positivo y esperanzador para darnos.

Todos tenemos nuestras propias batallas que librar todos los días y siempre andamos buscando fórmulas que podamos implementar para resolver los problemas, que nos permitan no solamente aliviar nuestras batallas sino mejor aún, ganarlas. Así que en tu próximo discurso dale a tu audiencia esta fórmula para que sientan ese alivio total al pensar que tenemos problemas, pero también soluciones.

La práctica hace la perfección

Una vez que te sientas preparado para hablar en público, acepta todas las oportunidades que se te presenten para hablar frente a un grupo, aunque te pongas nervioso. Poco a poco se te irá quitando el miedo y poco a poco también debes ir aumentando el número de personas en el grupo hasta que seas capaz de dirigirte a un grupo grande de personas con toda confianza.

La primera vez que acepté una oportunidad de hablar en público en Charlotte, fue hace muchos años y la experiencia no salió de la manera como yo quería. Mi acento en inglés en ese entonces era fuerte, estaba nerviosa y esto no me permitía modular bien mis palabras para que me salieran inteligibles. Pero no me desanimé con esta experiencia.

Al final de esta presentación Julianne Watson, mamá de nuestra alcaldesa Jennifer Watson Roberts, me preguntó si podía ser la oradora principal en la próxima reunión de su grupo llamado "Senior Scholars" que realizarían en su Iglesia Myers Park Baptist. Acepté gustosa la invitación y en esa oportunidad sí estuve a la altura de los acontecimientos e hice una buena presentación sobre el crecimiento de la comunidad latina en Charlotte. De allí en adelante acepté todas las oportunidades que se me presentaron para hablar en público, siguiendo mi propio consejo de que la práctica hace la perfección.

Resumen

- Habla de temas que domines y que sientas mucho entusiasmo de compartir con otros.

- Escribe tu discurso para darle estructura, para desarrollar el contenido y darle orden.

- No leas tu discurso a tu audiencia. La gente no quiere ir a tu presentación para verte leer, sino para escuchar tu tema como una historia amena y llena de vida.

- Utiliza ejemplos y anécdotas para ilustrar tus puntos.

- Escribe en una hoja los puntos más importantes que deseas presentar.

- La práctica hace la perfección. Acepta todas las oportunidades que se te presenten para hablar en público para que te transformes en un experto.

Pregunta para reflexionar

◆ ¿Cuál es tu más grande miedo relacionado con hablar en público? ¿Cómo puedes superarlo?

Acción

❏ Elabora una lista de temas sobre los cuales te gustaría hacer una presentación a una audiencia.

❏ Haz una lista de los sitios donde te gustaría hablar en público.

Capítulo Diez

Cuidar el dinero

"Nada existe más dulce que la miel. Excepto el dinero".

—Benjamin Franklin, político, científico, inventor y uno de los Padres Fundadores de Estados Unidos

Tener dinero es bueno. En un plano personal, te proporciona paz mental y la habilidad de protegerte a ti mismo y a tu familia. A nivel comunitario, se necesita dinero para mantener muchas instituciones importantes como hospitales, escuelas, iglesias y otras entidades que enriquecen y mejoran la sociedad.

Hacer dinero es una parte esencial de llegar al éxito. Para tener seguridad financiera y ser capaz de mantener el estilo de vida que quieres para ti y tu familia tienes que tener suficiente dinero.

Debido a que como dice el dicho "El dinero no crece en los árboles", tienes que trabajar duro para ganar dinero, ahorrar y ponerlo a que trabaje para ti. Si gastas todo lo que ganas y hasta un poquito más, nunca te volverás rico, pero éste no eres tú. Aprenderás a ahorrar y a vivir bien al mismo tiempo.

Beneficios de una estabilidad financiera

Obviamente, el dinero por si solo no te hará feliz. También tienes que cultivar cosas que no se compran con dinero como, por ejemplo: dormir dulcemente en la noche porque tu conciencia

está tranquila pues durante el día te ganaste el sustento trabajando honradamente. Disfrutar de una sana y amorosa relación con tu pareja, hijos, padres y otros familiares. Cultivar el respeto y el aprecio de tu jefe y compañeros de trabajo. Tener buena salud.

Si bien es cierto que el dinero por si solo no hace la felicidad, la seguridad financiera contribuye a la felicidad al proporcionar más opciones para ti y tu familia.

Independencia financiera y disciplina con el dinero

Aquí te presento maneras de cómo ganar independencia financiera y cómo practicar disciplina con tu dinero:

◆ Elabora un reporte de ingresos y egresos mensuales. Analiza este presupuesto detalladamente cada mes para ver cuanto estás ganando, cuanto estás gastando y cuanto te está quedando de utilidad.

◆ Mantén tus gastos por debajo de tus ingresos.

Ahorra 10% de tu ingreso mensual. Esto es lo que llama George S. Clason en su libro El Hombre Más Rico de Babilonia 'págate a ti primero.'

◆ Solicita a tu empleador que te descuenten 10% de tu sueldo y te lo depositen en una cuenta que gane intereses, que puede ser una cuenta de inversiones, 401K, Roth IRA o un IRA tradicional. El resto de tu dinero te lo pueden depositar en tu cuenta corriente.

◆ Paga tus gastos mensuales con el dinero en tu cuenta corriente. Si te mantienes en tu presupuesto no te hará falta más dinero que ése.

◆ Ni siquiera pienses que tienes dinero en tu cuenta de retiro o de inversiones para no gastarlo bajo ninguna circunstancia.

◆ Reinvierte todos los intereses que ganan tus cuentas de inversiones para que tu dinero crezca más. Si usas esta formalidad de interés compuesto, en doce años ganando 6% de interés anual habrás duplicado tu dinero.

Donar dinero

Otra gran bondad del dinero es que te permite hacer donativos. Comparte tu tesoro con la comunidad, tu iglesia, la institución de caridad de tu preferencia. No hay nada más satisfactorio que dar de vuelta a la comunidad de esta manera. Si hasta la presente no estás haciéndolo, empieza inmediatamente.

El secreto es ayudar sin esperar nada a cambio. Sin embargo, vas a notar que mientras más ayuda das para el bien común, más ingresos y bienestar recibes.

Ahorrar temprano

Si desarrollas el hábito del ahorro y la inversión a temprana edad, por ejemplo si empiezas a los 25 años, te puedes retirar siendo millonario.

Al principio, es duro ahorrar, porque sientes como si no tienes suficiente dinero para pagar tus gastos básicos mensuales y ahorrar al mismo tiempo, pero poco a poco te acostumbras a distinguir cuales son las cosas que realmente no necesitas y te abstienes de comprarlas. Este dinero lo ahorras y así con un poco este mes y un poco el mes siguiente vas aumentando tus ahorros.

Una vez que logres acumular una pequeña fortuna en tu cuenta de ahorros o de inversión, sentirás un alivio muy grande, una paz mental deliciosa, porque ya no tendrás incertidumbre financiera. Valorarás tanto estos sentimientos que de allí en adelante nunca más dejarás de ahorrar.

Tipos de instrumentos para ahorrar

■ Si tu empleador ofrece el 401K aprovéchalo. Chequea para ver si tu empresa aporta la misma cantidad que aportas tú. De ser así asegúrate de contribuir por lo menos lo suficiente para obtener el máximo que aporta tu empresa.

■ Si no tienes acceso a un 401K, tienes otras opciones, como por ejemplo un Roth IRA. Este instrumento te permite ahorrar y hacer crecer tu dinero. Los intereses que ganes en esta cuenta son completamente libres de impuestos durante toda la vida de la cuenta.

■ Otra opción es abrir una cuenta IRA tradicional. En esta cuenta ahorras dinero libre de impuestos, lo que significa que todo tu dólar (no solamente 70 centavos de él) ganará intereses. Cuidado, si sacas el dinero antes de los 59 años y medio, tienes que pagar una penalidad. Aquí puedes ahorrar un máximo de $5,500 al año. Si eres mayor de 50 años puedes ahorrar hasta $6,500. A partir de los 70 años y medio el gobierno te obliga a sacar una parte del dinero.

■ Abre una cuenta 529 para ahorrar para pagar la universidad de tus hijos o nietos.

Sobre las deudas

■ Si tienes una hipoteca donde pagas 3.5% de interés anual, es mejor que sigas pagando la mensualidad versus pagar más mensualmente para reducir deuda. Si tienes dinero extra es preferible invertirlo ganando 6% ya que te quedaría un 2.5% de interés liquido o más si consideras que puedes deducir de tu impuesto sobre la renta los intereses de la casa.

Si tienes una deuda donde pagas 8% de interés o más, lo mejor es utilizar cualquier dinero extra para reducir esta deuda hasta dejarla en cero.

■ Haz un plan para pagar tus deudas y ten disciplina de cumplirlo. Paga tus deudas con los intereses más altos primero. Una vez que hayas terminado de pagar una de tus deudas caras, empieza con otra hasta que elimines toda tu deuda. Éste es un proceso lento así que ten disciplina y paciencia.

Historial de crédito

No pagues todo en efectivo. Necesitas aceptar crédito para empezar a construir tu historial y puntaje de crédito. El puntaje en tu historial de crédito es quizá el más importante factor que usan los bancos para determinar la tasa de interés que te darán cuando solicitas un préstamo.

Las compañías que analizan el historial de crédito de todos en el país toman varios factores para calificarte. Un récord o puntaje de crédito de 760 o más alto te permitirá obtener las mejores tasas de interés y los mejores límites de crédito.

Para levantar el puntaje en tu historial de crédito o para mantenerlo al nivel que lo deseas, debes hacer lo siguiente:

■ Paga tus deudas antes del día de su vencimiento.

■ No utilices tus tarjetas de crédito al máximo de tu límite.

Buscar la tasa de interés más baja

■ Si quieres tener una tarjeta de crédito, busca una que tenga la tasa de interés más baja posible. En el mercado hay tarjetas con intereses entre 9% y hasta 30% al año, son muy costosas.

■ Aunque tu tarjeta tenga intereses bajos, trata de pagar tus gastos mensualmente, antes del corte de tu estado de cuenta para que no tengas que pagar nada de intereses. Esto te permite la conveniencia de pagar con tarjeta, o sea que no tienes que llevar dinero en efectivo a la tienda y no sufres de pagar los intereses.

■ Cuando busques un préstamo para comprar un carro, una casa o cualquiera otra compra, busca la tasa de interés más baja posible. No aceptes la primera oferta. Habla con varios proveedores hasta conseguir el que brinde la mejor opción. Para lograr este objetivo haz esta diligencia con anticipación, si te tomas todo el tiempo necesario, la oportunidad aparecerá.

■ Cuando analices una oferta de préstamo no te concentres en sacar la cuenta de si puedes o no pagar el monto mensual del préstamo. Ve más adentro y analiza cuánto de este monto mensual será capital y cuánto será intereses. Si sientes que estarás pagando demasiado en intereses, no firmes, ve a otro sitio.

Seguro para proteger a la familia

En el mercado existen muy buenas empresas y excelentes agentes que te pueden ayudar a obtener estos productos.

■ Seguro de vida

■ Seguro de salud

■ Seguro a la propiedad

■ Seguro de discapacidad temporal

Estos son los más importantes seguros que tienes que tener para sentirte protegido. Sin embargo existen otros que las compañías de seguros han creado para ayudarte a salir de un accidente o emergencia lo más rápido posible y sin endeudarte. Chequea estos extras y ve si también funcionarán para ti.

Busca información detallada de las agencias y entrevista a varios agentes hasta que encuentres la empresa y el agente que es perfecto para ti, con quien tú te sientas cómodo trabajando.

■ Seguro de vida
Existen muchas opciones en el mercado. Busca con calma el que más te convenga. En tu proceso de selección considera la calidad del servicio al cliente que la empresa y el agente ofrecen.

Tú quieres trabajar con un agente que esté disponible para hablar contigo cuando tú lo necesites. Debes encontrar uno que sea amable, cortés, paciente, que posea buenas habilidades de comunicación y que se comunique en la manera que funciona para ti. Esto significa que, si tú eres una persona muy ocupada y prefieres comunicarte por email, tienes que trabajar con un agente quien también se sienta cómodo comunicándose por email.

También es muy importante que el agente tenga conocimientos y experiencia en su ramo para que pueda asesorarte.

Siempre pregunta si ellos mismos usan el tipo de póliza que te están recomendando.

Una manera de decidir el monto del beneficio de la póliza de seguro de vida que quieres comprar es sumar la cantidad de deuda que tienes a la cantidad de dinero que deseas dejar a tu familia después de pagar estas deudas. Si tienes niños pequeños agrega dinero para pagar por su educación. Piensa en todo lo que quisieras cubrir y que te dé paz mental, sabiendo que tu familia estará bien financieramente, en caso de que tú ya no estés allí para protegerlos.

■ *Seguro de salud*

Al igual que con el seguro de vida aquí también te encontrarás con muchas opciones en el mercado, incluyendo el plan que te pudiera ofrecer tu empleador.

Consulta con varios agentes hasta que encuentres uno que sientas entiende la ley y te la explica bien. Es muy importante que confíes en que te ayudará cuando tengas que solicitar un reclamo o necesitas clarificación sobre algo que no entiendes, lo cual será con frecuencia. La ley del Cuidado Asequible de la Salud y el sistema de cuidados de salud son complicados, así que necesitarás a una persona con mucho conocimiento que pueda interpretar asuntos por ti cuando llegue el momento.

■ *Seguro a la propiedad*

Asegura la estructura de tu casa y todas las cosas de valor que tengas dentro de ella para que las recuperes en caso de incendio o robo. Toma fotos de pinturas, joyas y todos los valores que tengas asegurados para que el proceso de reclamo sea más sencillo.

En relación al seguro de tu carro, trata de asegurarlo completo para protegerte a ti, el carro y a un tercero en caso de accidente.

Si tu póliza cubre extras, como alquiler de carro en caso de que el tuyo tenga que quedarse en reparación por varios días, te dará paz mental.

Como con cualquier otro tipo de seguro, analiza y compara las diferentes opciones antes de decidirte. Algunas empresas te ofrecen un descuento extra en el precio de tu póliza si les compras el paquete de carro y casa.

■ *Seguro de discapacidad temporal*

Este seguro te cubre entre el 60% a 80% de tu sueldo en caso de que un accidente o enfermedad no te permita trabajar por un tiempo. Este seguro es de gran ayuda si no puedes tener ahorros para cubrir tus gastos fijos si te quedaras de seis meses a un año sin trabajar.

Crear diferentes fuentes de ingreso

Para acumular riqueza tienes que ahorrar e invertir. Para ahorrar e invertir tienes que tener ingresos. Si sientes que con el sueldo de tu trabajo a tiempo completo solamente, no alcanzas a ahorrar lo que deseas, estudia la posibilidad de crear otras fuentes de ingresos. Mientras más fuentes de ingreso tengas mejor.

Empieza con algo pequeño y sin dejar de atender tu trabajo. Claro está, primero tienes que cuidar lo que tienes. Esto me recuerda la expresión: "Más vale pájaro en mano que cien volando". Si tus obligaciones en el trabajo y en la casa te dejan tiempo libre, quizás quisieras usarlo para ganar más dinero. Piensa en estas opciones.

Ideas de fuentes adicionales de ingreso

Si eres contador puedes empezar ofreciendo tus servicios a empresarios pequeños que necesiten este servicio y no puedan pagar un contador a tiempo completo, o puedes ofrecer tus servicios como consultor en cualquier ramo que seas experto.

Si te gusta cocinar puedes empezar una empresa para hacer comida para fiestas los fines de semana. Si eres organizado puedes ofrecer tus servicios para organizar fiestas para niños a padres muy ocupados.

Invertir en bienes raíces

Muchas personas compran casas o apartamentos en liquidación a precios muy económicos, las arreglan y las venden con una ganancia o las alquilan a un precio superior al monto de la hipoteca y así tienen un ingreso fijo mensual. Algunas personas se han hecho ricas con este tipo de negocios, manteniendo muchas casas en alquiler y un gerente que se las supervise. Empiezan de a poquito para ir experimentando y conociendo los detalles del negocio y poco a poco van creciendo.

Para hacer estas inversiones es recomendable usar los servicios de un experto que te asesore acerca de la logística y los riesgos.

Cuidar los gastos

"Cuida de los pequeños gastos; un pequeño agujero hunde un barco," dijo Benjamín Franklin, Padre Fundador de Estados Unidos.

Como empresario, como jefe de familia o responsable de ti mismo, debes tener un estricto control del dinero que entra y sobre todo del que sale.

Analiza tus ingresos para ver si puedes ganar más y analiza tus gastos para ver si puedes gastar menos. Usa el mismo principio que se usa para adelgazar: comer menos y quemar más calorías con ejercicio.

Ahorra en rubros grandes y también en rubros pequeños. Si puedes pedir a la familia o a los empleados que apaguen la luz cada vez que salgan de una habitación u oficina, por ejemplo, esto te pudiese representar un ahorro de $50 al mes, dependiendo del tamaño de la casa y de la oficina. Si multiplicas $50 por 12 meses tienes un ahorro de $600 al año.

Si puedes ahorrar una cantidad similar en agua, gas, etc. este dinero que no gastas lo puedes invertir para ganar más dinero o lo puedes usar para reducir deuda costosa.

Analiza cuanto estás gastando en ropa, cosméticos, productos para limpiar la casa, salidas a restaurantes y ve si puedes ahorrar en alguna de ellas.

Posponer gastos

Si sientes que necesitas comprar maquillaje, zapatos, ropa o cualquier otra cosa, no lo hagas de inmediato. Date tu tiempo para pensar si de verdad lo necesitas. Para acumular riqueza tienes que ahorrar. Estos ahorros y sus intereses te permiten tomar ventaja de oportunidades de comprar terrenos o bienes a bajo costo para luego venderlos con una ganancia o construir en ellos y ganar mucho dinero con la oportunidad. Así va creciendo la fortuna.

Tienes que aprender a vivir con menos. No se pueden tener cosas y acumular riqueza al mismo tiempo, por lo menos no al principio.

Tomar riesgo con el dinero

El dinero no lo puedes dejar estático en una cuenta corriente porque se erosiona por la inflación. Debes invertirlo para hacer más dinero en:

- Cuentas de inversiones

- Fondos mutuos

- Bienes raíces

- Acciones en un negocio

Tomar riesgos es necesario para hacer fortuna. A veces no tomamos riesgos porque nos da miedo, pero la verdad es que si queremos acumular riqueza tenemos que hacerlo de todas maneras, aunque nos dé miedo. Recuerda el dicho: él que no arriesga no gana.

Lo que puedes hacer es empezar con un riesgo pequeño de manera que si el proyecto no te sale como pensabas no pierdas mucho y aprendas de la experiencia. Tienes que desarrollar la suficiente confianza en ti mismo que te permita correr ciertos riesgos si tu intuición te dice que será para tu beneficio. A veces nos quedamos en la zona confortable por temor a equivocarnos, pero al final del día equivocarse es bueno, nos enseña lecciones y nos hace más fuertes.

Impuesto sobre la renta

Lee libros y artículos para aprender sobre las mejores maneras de invertir para poner tu dinero a trabajar para ti. Debes aprender tú mismo todos los detalles que puedas y también debes contratar a un contador que sea experto en la ley de impuesto sobre la renta, para entre los dos buscar oportunidades donde puedes legalmente pagar menos impuestos. Si haces esto te quedará más de tu dinero para invertir.

Contratar expertos de confianza

La información en este capítulo la obtuve de mi propia investigación, de mi experiencia personal y de entrevistas con asesores de finanzas, agentes de bienes raíces, agentes de seguros, abogados, banqueros, contadores y otros profesionales. Sin embargo, no debes considerarla como si fuera asesoría financiera porque no lo es, ya que no soy asesora financiera. Si deseas crear tu plan financiero, debes contratar los servicios de una asesor financiero. Usa esta información como una guía solamente.

Contratar a un asesor financiero

◆ Entrevista por lo menos a tres asesores antes de contratar al que te haga sentir más cómodo. Tu intuición y la información que él o ella te suministre, te dirán si es el candidato ideal.

◆ Compara sus comisiones en relación al servicio que te prestará.

◆ En la entrevista pregúntales como manejan ellos su propio dinero ¿Utilizan los instrumentos que te ofrecen? Asegúrate de que ellos hayan hecho fortuna aplicando los mismos principios que te recomiendan.

Resumen

- Es bueno tener dinero, puedes comprar confort con él.

- Controla muy bien tus gastos. Crea un presupuesto y síguelo.

- Págate tú primero. Trata de ahorrar el 10% de tus ingresos o más. Esto te permitirá tener dinero para invertir y hacer más dinero.

- Haz que tu dinero trabaje para ti.

- Haz tu propia investigación en cuanto a temas financieros y de inversiones.

- Considera contratar a un asesor financiero para guiarte.

Preguntas para reflexionar

◆ ¿Cuánto dinero actualmente estás poniendo en tu cuenta de retiro?

◆ ¿Cuál es tu promedio de crédito? ¿Es necesario subirlo? ¿Cómo puedes subirlo?

◆ ¿Qué tasa de interés tienes en tus préstamos actuales? ¿Es posible obtener una tasa de interés más baja?

Acción

❑ Elabora una lista de actividades que puedes realizar para aumentar tus ingresos.

❑ Haz un presupuesto que te enseñe cuánto dinero te está entrando, cuánto dinero te está saliendo y en qué lo estás gastando. Esto te permitirá controlar mejor tus gastos.

☐ Haz una lista de tus gastos mensuales. Diferencia entre los que son necesidades de los que son lujos y los que están en el medio de estos dos rubros. Reduce o elimina los que no son necesarios hasta que hayas alcanzado tus metas de ahorrar e invertir.

☐ Haz una cita con un consejero financiero para hablar sobre cómo puedes invertir y poner tu dinero a trabajar para ti a través de un 401K, Roth IRA, IRA tradicional u otras estrategias de inversión.

Capítulo Once

Cuidar la salud

"La mayor riqueza es la salud".

—Virgilio, poeta de la Roma antigua

Mi suegra Doña Lelia tiene 91 años. Vive independiente en su propia casa en León, Nicaragua. Admiro su actitud siempre positiva y optimista. Me impresiona su memoria, se recuerda de los cumpleaños de todos sus hijos, nietos y biznietos. Disfruta comunicándose por Facebook, email y por textos. Juega cartas con sus amigas regularmente y dice que este juego mantiene su menta activa y sana.

Doña Lelia encuentra tiempo para dirigir su propia organización de caridad, cuya misión principal es alimentar a 300 personas sin hogar todas las semanas. Ella se encarga de coordinar la logística y se asegura de que la pequeña organización funcione efectivamente: Contrata y coordina con cocineras y asistentes, administra los donativos y ella personalmente atiende el almuerzo cada miércoles.

Le pregunté cuál es su secreto para estar tan activa y tan saludable a su edad. Ella dice que es gracias a muchas cosas, como por ejemplo comer sano y el cuidado de amables y expertos médicos quienes están listos para venir a su casa a ayudarla con solamente recibir una llamada telefónica. También le atribuye su

bienestar a su fuerte fe, gratitud por las pequeñas cosas en la vida y la gran oportunidad que tiene de servir a los más necesitados.

Para llegar a la edad de mi suegra manteniendo todas tus facultades, una excelente calidad de vida e independencia, debes cuidar mucho tu salud desde que eres muy joven y durante toda la vida.

Siempre que se habla de salud es muy importante recordar que cada persona tiene un organismo distinto y por ello es fundamental consultar con tu médico antes de hacer cambios en tu dieta o rutina de ejercicios. Dicho esto, me permito compartir contigo algunas de las cosas que me han funcionado y que te recomiendo para vivir una vida saludable.

Escoger bien los alimentos

◆ Come cinco veces al día en pequeñas porciones en lugar de tres veces al día en porciones grandes.

◆ Trata de consumir comidas hechas en casa, donde tú tienes el control de los ingredientes que utilizas.

◆ Mantén una dieta a base de vegetales como brócoli, espinaca, zanahoria, remolacha, repollitos de Bruselas que tienen poco o nada de grasa y azúcar.

◆ Come granos como frijoles, quínoa, lentejas, arroz integral que tienen fibra y proteínas.

◆ Come proteínas como carne de res, pollo, pescado, yogur griego, huevos.

◆ Prefiere el pescado de alta mar a los criados en cautiverio.

◆ No comas pescados con alto contenido de mercurio como por ejemplo el atún, mero, cazón, carite (bonito). En su lugar come pescados y mariscos con bajo contenido de mercurio como salmón, bacalao, trucha, dorado y los mariscos como camarones, vieras, cangrejo. Debido al mercurio, come pescado en un máximo de cuatro veces por semana.

◆ Prefiere la carne de res alimentada naturalmente con pasto, que a la res que haya recibido antibióticos y hormonas.

◆ Come semillas y nueces como pistacho, almendras, semillas de girasol, semillas de merey.

◆ No consumas bebidas azucaradas como refrescos o sodas. Una soda contiene 44 gramos de azúcar.

◆ El total de gramos de azúcar que debes consumir en un día es 24.

◆ Cuidado con el contenido de azúcar en las frutas. Por ejemplo, uvas, bananas, piña tienen mucha azúcar. Las que tienen menos azúcar son las fresas, arándanos, aguacate.

◆ Consume frutas y vegetales orgánicos para evitar comerte los pesticidas.

◆ Aunque la fruta que vas a comer sea orgánica de todas maneras lávala bien antes de comerla. Lava bien las naranjas, el aguacate, limones antes de cortarlos.

◆ No te sirvas un segundo plato de comida, siéntete satisfecho con un sólo plato.

◆ Cuando vayas a una recepción tipo bufet, date una vuelta completa para ver todo lo que ofrecen. Luego escoge la proteína más sana que tengan, por ejemplo, pescado o pollo a la parrilla. En cuanto a vegetales para acompañar la proteína busca lo más sano, como ensalada fresca hecha con lechuga, tomate, coliflor, brócoli, repollo.

◆ Escoge un aderezo sencillo, sin químicos y sin grasas saturadas, que puede ser aceite de oliva con un poquito de sal y vinagre.

◆ No comas comidas procesadas como las que vienen en lata, jamones de todo tipo, comidas congeladas, etc. Para que las comidas duren mucho tiempo los fabricantes le ponen preservantes químicos.

◆ No comas productos hechos con harina como tortas, galletas, pan, a menos que sea integral y que no contenga azúcar o preservantes.

◆ No consumas comidas fritas. Cuando se lleva cualquier aceite a una temperatura al nivel de hervor (100 grados Celsius) suelta químicos que son muy dañinos para el cuerpo.

◆ Aceite de oliva es bueno para comer en ensaladas solamente.

◆ Lee la información nutricional de todo producto nuevo que vayas a consumir. También lee los ingredientes. Si ves que contiene químicos artificiales con nombres que ni siquiera puedes pronunciar, no lo compres, no lo consumas, ni se lo des a tus familiares, ni a tus amigos.

◆ Lee con cuidado la información nutricional de productos que dicen ser bajos en calorías. Puede ser que sean bajos en calorías, pero tienen mucha sal, o colesterol y no tienen nada de fibra ni proteína. Son productos vacíos que no aportan ningún nutriente para tu cuerpo.

◆ No es sencillo mantenerte comiendo comida sana todo el tiempo y además es caro, pero trata.

Para comer sano, lo más importante es que consumas una limitada cantidad de azúcar, sal y grasa.

De acuerdo con El Centro de Estadísticas de la Salud de Carolina de Carolina del Norte, cuatro de cada diez habitantes de este estado contraen cáncer cada año. Esta cifra se ha venido aumentando. Los científicos no saben con exactitud qué es lo que causa cáncer y porqué algunas personas contraen cáncer y otras no, pero si saben que hay dos factores de riesgo: Uno es el genético, algunas personas tienen mayor predisposición para desarrollar cáncer. El segundo factor son los químicos que pueden estar en las comidas y en el ambiente.

Comer balanceado

Sigue los consejos de la American Diabetes Association: Divide imaginariamente tu plato en dos partes, luego divide una de estas partes en dos, así tendrás un total de tres partes en tu plato.

◆ Llena la parte más grande con vegetales que no contengan almidón como, por ejemplo: espinacas, zanahorias, lechugas, repollo, frijoles verdes, brócoli, tomates, pepino, remolacha, etc.

◆ En una de las partes pequeñas sírvete alimentos con almidón como pan integral, pasta, tortillas, papas, batatas, etc.

◆ En la tercera parte de tu plato sírvete la proteína que puede ser: pollo o pavo sin la piel, salmón, carne de res cocinada a la parrilla, huevos, etc.

◆ Completa tu comida con una bebida baja en calorías, por ejemplo: té sin azúcar o café. Lo más recomendable y lo que yo tomo es agua.

◆ Aunque no tengas diabetes puedes encontrar importante información sobre cómo comer sano en la página de Internet de American Diabetes Association: www.diabetes.org

Otras recomendaciones

◆ No calientes tu comida en el microondas en un contenedor de plástico, cartón o poliestireno extruido (styrofoam). Estos tienen químicos que el calor ayuda a soltar y al unirse con la comida, te los comes, lo cual puede ser dañino para tu salud.

◆ Deshecha tu olla con recubrimiento para que no se pegue la comida (teflón) si está rayada. Al estar rasgada este recubrimiento se mezcla con la comida y al comerlo es dañino para tu salud.

Tomar abundante agua

Bebe entre 8 y 10 vasos de agua cada día, los siete días de la semana. Un vaso son 8 onzas. Es muy importante tomar esta cantidad de agua para lavar tu sistema de impurezas incluyendo excesos de sal, azúcar o cualquier químico. De la misma manera como lavas tu cuerpo externamente tomando duchas, tienes que lavar tu cuerpo internamente tomando mucha agua.

Yo uso un termo de 32 onzas para controlar el agua que bebo porque no quiero correr el riesgo de tomar menos de lo necesario. Me tomo un mínimo de dos veces el contenido de este termo cada día.

Un efecto secundario de tomar mucha agua es que tienes que ir al baño repetidas veces en el día. No veas esto como un inconveniente sino como una acción natural y beneficiosa para tu cuerpo. Antes me abstenía de tomar agua porque sabía que estaría en reuniones todo el día y me daba pena tener que interrumpir la reunión para ir al baño. Ahora no, primero está mi salud. Aunque tenga reuniones sigo tomando mis 8-10 vasos de agua y si tengo que salir de la reunión para ir al baño simplemente voy calladamente y sin pensarlo dos veces.

Hacer ejercicio

Haz ejercicios de estiramiento y aeróbicos por un mínimo de 30 minutos a una hora cada día. Esto puede incluir una caminata a paso rápido. Una buena caminata no solamente te ayuda a mantener tu cuerpo sano sino también tu mente. El efecto calla tu mente, lo cual te permite alcanzar un agradable sentimiento de relajación y calma. Después que logras llegar a este nivel puedes pensar mejor. Esto te ofrece la mejor oportunidad en el día para reflexionar en las actividades que has realizado y las que necesitas hacer para alcanzar tus metas y ser exitoso.

Los ejercicios de flexibilidad te dan la energía que te permite caminar rápido y con la cabeza en alto durante todo el día. Te sentirás mucho más flexible, lucirás más joven y lleno de energía.

Después de hacer ejercicios, sentirás que tu cerebro está alerta y listo para aprender y disparar ideas creativas. Que tu cuerpo está relajado, en paz, y bien oxigenado, debido a que tu respiración funciona perfectamente bien.

Poner a tu cuerpo en movimiento

Hay muchas personas que están pendientes de lo que comen y se cuidan, pero no hacen ejercicios, el ejercicio simplemente no funciona para ellos. Si tú eres así, trata de buscar otras maneras de poner a tu cuerpo en movimiento para que circule la sangre y para quemar calorías. Algunas ideas:

◆ Estaciona tu carro lejos de donde vas para caminar hasta la entrada.

◆ Toma las escaleras en lugar del ascensor.

◆ Baila. Inscríbete en un club para aprender un nuevo tipo de baile o simplemente baila en tu casa al ritmo de tu música preferida.

◆ Practica tu deporte favorito.

◆ Si te gusta ir a visitar tiendas ve con tiempo y camina en el centro comercial.

Dejar de fumar

Una acción que te ayudará a mantenerte sano es no fumar. Si fumas busca la manera de dejarlo para siempre. Consulta con un doctor u otro profesional sobre métodos que te pueden ayudar a dejar de fumar.

Limitar el alcohol

El alcohol es un enemigo de la salud al igual que la grasa, la sal y el azúcar. Afecta mucho el hígado causando cirrosis hepática y adicionalmente tiene calorías. Si estás tratando de adelgazar tienes que sumar estas calorías a tu meta de calorías diarias. Una margarita frapé (con mucho hielo) por ejemplo contiene 500 calorías. Una copa de vino rojo tiene 178.

Mantener el peso ideal

Analiza en esta tabla como se relaciona tu peso con tu estatura, lo cual se llama Índice de Masa Corporal (IMC). Descubre si tu peso está normal, estás con sobrepeso o estás obeso.

Tabla de peso ideal			
Altura	**Peso** (libras)		
	Normal	**Sobrepeso**	**Obesidad**
4' 10"	91 to 118	119 to 142	143 to 186
4' 11"	94 to 123	124 to 147	148 to 193
5'	97 to 127	128 to 152	153 to 199
5' 1"	100 to 131	132 to 157	158 to 206
5' 2"	104 to 135	136 to 163	164 to 213
5' 3"	107 to 140	141 to 168	169 to 220
5' 4"	110 to 144	145 to 173	174 to 227
5' 5"	114 to 149	150 to 179	180 to 234
5' 6"	118 to 154	155 to 185	186 to 241
5' 7"	121 to 158	159 to 190	191 to 249
5' 8"	125 to 163	164 to 196	197 to 256
5' 9"	128 to 168	169 to 202	203 to 263
5' 10"	132 to 173	174 to 208	209 to 271
5' 11"	136 to 178	179 to 214	215 to 279
6'	140 to 183	184 to 220	221 to 287
6' 1"	144 to 188	189 to 226	227 to 295
6' 2"	148 to 193	194 to 232	233 to 303
6' 3"	152 to 199	200 to 239	240 to 311
6' 4"	156 to 204	205 to 245	246 to 320
IMC	19 to 24	25 to 29	30 to 39

Fuente: National Institutes of Health.

La obesidad se está transformando en una epidemia. Si estás pasado de peso empieza a bajar una libra a la semana. No tienes que ponerte a dieta, sino cambiar tus hábitos alimenticios como eliminar harinas, pastas, pan, postres, bebidas azucaradas, etc., y estarás en el camino de llegar a tu peso ideal.

Bajar de peso lentamente

La mejor manera de bajar peso y mantenerte delgado es bajando poco a poco. Recuerda que llegaste a este peso lentamente no de la noche a la mañana, así mismo no vas a bajar de la noche a la mañana. Te tomará tiempo, pero te recomiendo tener la disciplina de mantener el curso. Quédate en el proyecto hasta lograr tu objetivo de estar en tu peso normal y luego luchar para mantenerte allí.

Tratamientos que prometen que bajarás 10 libras en dos semanas pueden funcionar a corto plazo. Pero cuando has estado sin comer por dos semanas, cuando te dan luz verde empiezas a comer sin parar. Las 10 libras que bajaste durante tu período de pasar hambre, las recuperas prácticamente en las siguientes dos semanas.

Lo ideal es bajar peso no con dieta, sino cambiando tus hábitos alimenticios para siempre.

Haz una lista de los hábitos alimenticios que vas a implementar de ahora en adelante, escríbelos, apréndetelos de memoria y síguelos al pie de la letra. Enséñaselos también a todos los miembros de tu hogar.

Si tienes hijos pequeños inclúyelos en el plan. Todos en la casa deben seguir el régimen de comer sano, en pequeñas cantidades y hacer ejercicios.

Enseña a tus hijos buenos hábitos alimenticios

La obesidad infantil está creciendo y necesitamos hacer algo al respecto. Si eres padre, madre, abuela, abuelo, tía, tío, ayuda a los niños en tu vida a mantenerse sanos. Los niños comen lo que los adultos les dan, por lo tanto, dales alimentos nutritivos y saludables. Esto les enseñará buenos hábitos alimenticios que se quedarán con ellos para toda la vida.

Mientras más pronto el niño adopte estos buenos hábitos mejor, así se mantendrá delgado para toda su vida te agradecerá tanto que lo hayas acostumbrado a comer sano desde pequeño, cuando no es un drama, sacrificio o tortura. Yo les enseñé a mis hijos a comer sano desde pequeños y hoy en día son hombres sanos y delgados.

Visitar al médico

Debes visitar a tu médico por lo menos una vez al año para que te haga un chequeo general. También debes ir al médico cuando no te sientas bien y tu instinto te diga que debes hacerlo. En este caso, ve al doctor sin pensarlo dos veces. Tu salud tiene prioridad sobre el trabajo o cualquier otra actividad.

Habla con tu doctor sobre tu salud para asegurarte de que todos tus órganos estén funcionando apropiadamente y la composición de tu sangre sea normal. Aquí está una importante lista de preguntas que le debes hacer a tu médico:

◆ ¿Están mi corazón y pulmones funcionando bien?

◆ ¿Está mi sangre normal?

◆ ¿Cómo están mi glucosa, colesterol y triglicéridos?

◆ ¿Es mi Índice de Masa Corporal normal?

◆ (Para mujeres) ¿Cuándo necesito hacerme una mamografía y examen ginecológico?

◆ (Para hombres) ¿Cuándo necesito hacerme un examen de próstata?

◆ ¿Necesito hacerme una colonoscopia?

◆ ¿Necesito hacerme un examen de la densidad de los huesos?

Combatir las enfermedades

Seguir todos estos consejos te ayudará a mantenerse sano y fuerte. No significa que vas a estar exento completamente de enfermedades, pero sí evitarás muchas.

Si te enfermas y tu cuerpo está fuerte puedes combatir la enfermedad más fácilmente.

Resumen

■ Muévete durante el día para quemar calorías de la manera que te guste, sea haciendo ejercicios, caminando, corriendo, haciendo deportes, bailando, etc.

■ Haz esfuerzos para llegar a tu peso ideal y mantenerte allí.

■ Si te mantienes sano y fuerte puedes prevenir enfermedades y combatirlas mejor.

Preguntas para reflexionar

◆ ¿Tienes algunos hábitos que no son sanos? ¿Cómo puedes cambiarlos?

◆ ¿Cuál es tu peso ideal? ¿Cómo puedes hacer para llegar a él y luego mantenerte allí?

Acción

❑ Haz una lista de todas las actividades que realizarás empezando hoy para mover tu cuerpo para quemar calorías.

❑ Haz una lista de todo lo que harás empezando hoy para comer sano.

❑ Si quieres bajar de peso, haz una nota sobre cuántas libras deseas bajar y en qué período de tiempo. Luego elabora un plan para llegar a tu meta y síguelo hasta que logres tu peso ideal.

Capítulo Doce

Fe, amor y esperanza

"El amor es paciente, es bondadoso. El amor no es envidioso ni jactancioso ni orgulloso. No se comporta con rudeza, no es egoísta, no se enoja fácilmente, no guarda rencor. El amor no se deleita en la maldad, sino que se regocija con la verdad. Todo lo disculpa, todo lo cree, todo lo espera, todo lo soporta. Ahora permanecen estas tres virtudes: la fe, la esperanza y el amor. Pero la mejor de todas es el amor".

—1 Corintios 13, Biblia Nueva Versión Internacional

La fe

La fe es muy importante para establecer nuestro código de ética, nuestros principios morales que guían todas nuestras acciones.

Indistintamente de la fe que profeses, lo importante es que tu fe funcione para ti. Que te haga sentir en paz contigo mismo y con los demás. Que te haga sentir protegido por Dios, quien te ama incondicionalmente y perdona todos tus pecados. Dios es un padre que solamente quiere cosas buenas para ti, como cualquier padre. Cuando estás atravesando una situación difícil y tú lo llamas, viene a ti y te da primero amor y paz, luego te da la inteligencia para crear ideas para resolver el problema, te da energía para hacer lo que tienes que hacer para solucionarlo.

La fe te da confianza en ti mismo, te permite correr riegos en el trabajo y en el negocio con la convicción de que estás haciendo las cosas bien y que todo te saldrá como tú lo deseas, como tú se lo has pedido a Dios. Como nos ha sido prometido en la Biblia: "Pidan, y Dios les dará; busquen, y encontrarán; llamen a la puerta, y se les abrirá. Porque el que pide, recibe; y el que busca, encuentra; y el que llama a la puerta, se le abre". (Mateo 7:7-8)

La fe y el amor hacia Dios los puedes desarrollar leyendo y escuchando la palabra de Dios:
"Así pues, la fe nace al oír el mensaje, y el mensaje viene de la palabra de Cristo."
Romanos 10:17

Dios es parte de la solución no del problema

El año pasado fui diagnosticada con cáncer de colon. Durante este tiempo, nunca estuve triste o preocupada por ello. Sentía que Dios estaba conmigo en todo momento y que nada malo me podía pasar. Sentía que Dios me estaba dando las fuerzas que necesitaba para salir airosa de la experiencia.

Mucha gente estaba sorprendida de lo calmada que estaba, aun cuando padecía esta terrible enfermedad. Con la mejor de las intenciones algunas personas me hacían preguntas como: "Le preguntas a Dios ¿Por qué tú?", "¿Lloras y te pones triste en la noche cuando estás sola?" Yo les decía que no. Otras hasta querían llorar conmigo y yo no me sentía con ganas de llorar, no me sentía del todo débil. Más bien me sentía fuerte y lista para enfrentar la situación. Me sentí tranquila y positiva todo el tiempo. No permitía por nada del mundo que entraran pensamientos negativos en mi mente.

Creo que Dios vino a mi cuando le pedí su ayuda para darme fuerzas, para mantenerme tranquila y con una actitud positiva en mi momento de necesidad. Dios hizo posible el milagro de sanarme, eliminando el cáncer completamente de mi cuerpo. Como el Padre Frank, pastor de la Iglesia Católica San Gabriel, mi consejero espiritual y amigo dice: "Dios es parte de la solución no del problema".

Dios es mi amigo. Hablamos todos los días. No recurro a Él solamente cuando necesito su ayuda. Más bien la mayor parte del tiempo me comunico con Él para darle las gracias por todas las bendiciones recibidas. Estas conversaciones me dan paz y energía para enfrentar mis días llenos de retos. Me siento protegida por Dios y esta protección me alista para enfrentar todas las batallas que se me presenten.

Es muy importante que hagas esfuerzos para que también tu desarrolles una excelente relación con Dios, para que puedas enfrentar tus retos con fe y esperanza de que vas a salir airoso, porque Dios está contigo.

Esperanza

La esperanza es un elemento esencial para tener éxito. Con esperanza el joven abre el libro para estudiar, aprender y sacar buenas notas. Con esperanza el trabajador se levanta temprano y llega a su trabajo antes de la hora indicada, listo para hacer lo que tiene que hacer para ganarse su sustento y el de su familia. Con esperanza el empresario trabaja duro para crecer su negocio y dar empleo a más personas para que todos progresen.

Con esperanza resolvemos cualquier problema que se nos presente. "Soy un hombre de fe y puedo decir que las personas pueden vivir sin fe, pero no pueden vivir sin esperanza," dice Rusty Price, Pastor de la Iglesia Camino en Concord, Carolina del Norte y Fundador y Presidente de World Reach, Inc. y Centro Comunitario Camino.

Cada vez que tengamos una oportunidad, sembremos esperanza en nosotros mismos y en las personas que nos rodean.

Amar es perdonar

Existen tantas maneras de expresar amor a nosotros mismos, a nuestros familiares, amigos y a todas las personas con quienes entramos en contacto durante nuestra vida. Una de esas maneras es perdonando al que nos ofendió como Dios perdona nuestras ofensas.

"Porque si ustedes perdonan a otros el mal que les han hecho, su Padre que está en el cielo los perdonará también a ustedes; pero si no perdonan a otros, tampoco su Padre les perdonará a ustedes sus pecados." Mateo 6:14

¿Se puede perdonar a alguien quien nos hizo daño? La respuesta es sí, realmente lo mejor que puedes hacer por ti mismo es perdonar. Cuando una persona te ofende no le guardes rencor, porque al final del día ese rencor te hace daño a ti, se te transforma en una pesada carga en tu espalda que te vuelve lento, que te trae ira y que te pone triste. Todos estos son sentimientos negativos que debes evitar.

Si el daño que te causó el ofensor y el resentimiento que te dejó en tu corazón es muy grande y no puedes combatirlo por ti mismo, busca ayuda de un psicólogo, quien te puede ayudar a desmenuzar el problema e ir superando el trauma poco a poco.

Una manera de superarlo solo es escribiéndole una carta a la persona que te ofendió. En esta carta escribe el trauma con lujo de detalles, describe el tipo de ofensa que realizó el ofensor y el tipo de resentimiento que sientes hacia él. Describe: ¿Por qué sientes lo que sientes? ¿Cómo te hizo sufrir? No dejes nada por fuera. Mientras más detalles escribas de tus sentimientos, mejor.

Cuando hayas sacado toda la ira y resentimiento de tu mente y de tu corazón y la hayas plasmado en esa carta, cuando sientas que la carta expresa exactamente lo que querías decir, quémala. Ve afuera a tu jardín o a un sitio apropiado, busca un área donde puedas sin causar un accidente y quema la carta. A medida que veas la carta quemándose puedes decir: "me hiciste daño, pero yo te perdono". Repite esto al menos tres veces.

Perdona al que te ofendió. No vuelvas a permitir que te haga sentir mal nunca más. Perdónalo para siempre y te sentirás libre.

Amar es ser agradecido

El agradecimiento es una virtud. Si vamos a través del día y de la vida ejerciendo esta virtud vamos a sembrar amor y cosas buenas en nuestro camino y en el camino de las personas con quienes entramos en contacto.

Hay miles de maneras y cosas por las cuales estar agradecidos. Como inmigrante estoy agradecida con Estados Unidos por haberme dado a mí y a mi familia esta oportunidad de encontrar el éxito y ser feliz. Siempre aconsejo a los individuos o grupos que asesoro a que hagan lo mismo.

Les recuerdo lo afortunados que somos de vivir en este bello país, donde existe un día oficial declarado por el gobierno cuando todos damos gracias a Dios por las bendiciones recibidas, como es el Día de Acción de Gracias. Los Padres Fundadores de la Patria fijaron desde el principio las pautas de igualdad, como lo demuestra la Declaración de la Independencia de Estados Unidos, escrita por Thomas Jefferson: "Mantenemos estas verdades como evidencias de que todos los hombres han sido creados iguales, que han sido dotados por su Creador con ciertos derechos inalienables, que entre ellos se encuentran la vida, la libertad y la búsqueda de la felicidad."

Este mensaje indica que el país fue fundado en una base de amor hacia el prójimo y en abrir una oportunidad para todos. Con razón también lo llamamos "la tierra de la oportunidad", donde adicionalmente tenemos "libertad y justicia para todos" como nos recuerda la letra en la Alianza a la Bandera de Estados Unidos de América que aprendí de memoria y de corazón como parte del proceso para convertirme en ciudadana estadounidense. Veo y reconozco estas palabras en acción en múltiples oportunidades y me da mucha alegría reconocerlas en público, como una manera de demostrar gratitud y amor hacia Estados Unidos.

Amar al prójimo

En La Noticia demostramos amor hacia nuestra comunidad latina ofreciendo becas para que destacados estudiantes latinos asistan a la universidad. Nuestras becas son otorgadas a estudiantes con los grados y el deseo de asistir a la universidad pero sin los recursos financieros para hacerlo. Hemos mantenido este programa por 12 años y hasta la presente hemos dado becas por un total de $180,000.

El amor es dulce. Cuando el Apóstol San Pablo dice que, de las tres virtudes de fe, esperanza y amor, la mejor de éstas es amor, estoy completamente de acuerdo. Siempre haz esfuerzos para plantar las semillas del amor a tu alrededor.

Resumen

■ Desarrolla tu fe al punto que sientas su presencia en todo momento.

■ Perdona a los que te ofenden como Dios perdona tus ofensas.

■ Siembra amor y esperanza por donde quiera que vayas.

Preguntas para reflexionar

◆ ¿Cómo mi fe afecta mis decisiones y acciones?

◆ ¿Estoy reteniendo resentimiento hacia alguien? De ser así, ¿Cómo puedo perdonar a esta persona?

Acción

❏ Haz una lista de cosas que harás para desarrollar tu fe.

❏ ¿Qué actividades realizarás en los próximos días para sembrar amor y esperanza en tu camino?

Libros que te recomiendo

Te recomiendo que leas estos libros.
Te ayudarán a transformarte en una persona exitosa.

- *Piense y hágase rico* de Napoleon Hill

- *Los principios del éxito* de Jack Canfield y Janet Switzer

- *Misión éxito* de Glenn Bland

- *Los cuatro acuerdos* de Don Miguel Ruiz

- *Cómo ganar amigos e influir sobre las personas* de Dale Carnegie

- *Padre rico padre pobre* de Robert T. Kiyosaki

- *El hombre más rico de Babilonia* de George S. Clason

- *El ejecutivo al minuto* de Ken Blanchard, PhD y
Spencer Johnson, MD

- *21 secretos para hacerse millonario con su propio esfuerzo*
de Brian Tracy

- *El vendedor más grande del mundo* de Og Mandino

- *Viva sus fortalezas, edición católica* por Albert L. Winseman, DMin,
Donald O. Clifton, PhD y Curt Liesveld, MDiv

● **Sopa de pollo para el alma, versión original** por Jack Canfield, Mark Victor Hansen, y Amy Newmark

● **La audacia de la esperanza** por Barack Obama

Multi-Media que te recomiendo

● **Bible Gateway como un app** (disponible en iPad, iPhone, teléfonos Android y Kindle Fire)

Sobre la autora

Hilda Gurdián es Directora de La Noticia, Inc., una exitosa empresa basada en Charlotte, Carolina del Norte. Tiene más de treinta años de experiencia en la industria de publicaciones y comunicación.

Hilda ha recibido muchos reconocimientos por su liderazgo en la comunidad incluyendo "Una de las personas más poderosas de Charlotte" otorgado por *Charlotte* magazine. Está certificada como entrenadora del programa "Viva Sus Fortalezas." Uno de sus más fuertes talentos en este programa es "Desarrollador". Hilda le encanta ayudar a otros a convertirse en las mejores versiones de sí mismos y muchas veces ve el potencial que una persona tiene mejor que la persona misma. Ella está agradecida de tener la oportunidad de ayudar a otros a descubrir sus talentos y a encontrar su propio camino al éxito.

Hilda llegó a Estados Unidos de Caracas, Venezuela en 1992, con el sueño de lograr el éxito financiero y encontrar la felicidad para sus dos hijos y su esposo. Hoy en día considera que todos sus sueños se le han hecho realidad. Ella cree que si pudo alcanzar el éxito después de haber superado difíciles retos como empezar de nuevo por completo y en un país nuevo, con un idioma y una cultura nueva, todos pueden conquistar sus propios retos y llegar al éxito también. Ella quiere ayudarlos a lograrlo.

Hilda aprendió muy temprano en su vida sobre la industria de publicaciones trabajando con su hermano Rómulo Herrera, quien es dueño de periódicos en Venezuela. Estudió idiomas, negocios y comunicación en Inglaterra donde vivió por cinco años.

Ella y su familia asisten a la Iglesia Católica San Gabriel. Hilda ama a Charlotte y les dice a sus amigos y vecinos que haberse mudado a Charlotte ha sido una de las mejores decisiones que han tomado en sus vidas. "Llegamos al lugar preciso en el momento preciso," dice.

Hilda atribuye su éxito a muchas bendiciones, entre ellas: haber contado con excelentes consejeros, quienes la apoyaron dándoles buenos y apropiados consejos y abriendo la puerta de la oportunidad para ella; su férrea determinación y perseverancia; una excelente ética de trabajo; inquebrantable fe; y el amor y apoyo de su esposo e hijos.

Sus principios y prácticas de éxito están detallados en su libro *Descubre tu camino al éxito: 12 principios que te llevarán donde quieres llegar en tu vida profesional y personal.*

www.DiscoverYourPathToSuccess.com

Sobre La Noticia, Inc.

La Noticia, Inc. es una empresa propiedad de Hilda H. Gurdián, su esposo y sus dos hijos. La Noticia publica cuatro periódicos en español que sirven a más de 300,000 lectores en Carolina del Norte. *La Noticia, The Spanish-Language Newspaper* ganó reconocimiento a nivel nacional en el 2014 y en el 2015 cuando fue reconocida como "Periódico destacado en español" por la Asociación Nacional de Publicaciones Hispanas (NAHP).

La Noticia adicionalmente organiza eventos como: Latin American Excelente Awards, Latino-American Women's Conference, y Latino Career Fair. La Noticia sirve a la creciente población latina del estado a través de una gran variedad de productos y servicios. Estos son los vehículos más eficientes y efectivos de conectar clientes con lectores.

Mensaje de la autora

¡Felicitaciones por haber terminado el libro! Qué gran logro, ¿verdad?

Espero que te sientas orgulloso de ti mismo por haber tomado el primer paso para descubrir tu camino al éxito. Ya es la hora de poner en práctica todos estos principios. Muy pronto comenzarás a ver y sentir los resultados de la nueva persona en la cual te transformarás: con mucha confianza en ti mismo, listo para realizar todas las actividades en tu plan para llegar al éxito.

Espero que animes a tus familiares y amigos a que compren su propia copia de este libro para que ellos también logren su éxito. El éxito es para todos. Solamente tienes que estar dispuesto a hacer el trabajo necesario para lograrlo. Con este libro como tu guía te será mucho más fácil.

Comparte tu historia de éxito conmigo a través de:
hgurdian@DiscoverYourPathToSuccess.com

Te deseo mucho éxito y mucha felicidad,

Hilda H. Gurdián

54660067R00088

Made in the USA
Charleston, SC
11 April 2016